家族と社会が壊れるとき

是枝裕和 Koreeda Hirokazu
ケン・ローチ Ken Loach

NHK出版新書
642

はじめに――心だけでなく頭にも　ケン・ローチ

差別しているのはウイルスではなく社会

私たちはいま、新型コロナウイルス感染症(COVID-19)のパンデミックによる、世界的な災厄《カタストロフ》のさなかにあります。

人々はまだ、この状況にどう対応してよいかわかりかねていると思います。心理的にも大変困難な状況でしょう。おまけに政府の無能さが、より大きな混乱をもたらしています。私たちの国イギリスは、政府の対応の遅れと、検査や設備、防護手段の不充分さによって、ヨーロッパで最も死亡者が多くなっています(二〇二〇年六月時点)。

しかしながら、看護師や医師たちはとても素晴らしく、命を危険に晒《さら》しながら働いていています。百年前、第一次世界大戦のときに語られた、こんなことばがあります。司令官は最悪だけれども、兵士たちはとても勇敢だったことから、「兵士たちは獅子《しし》のようだが、ロバに率いられている」というのです。

いま、私たちはそれと同じことを感じています。「看護師や医師たち、それに介護福祉士たちは獅子のようだが、無能な政府というロバに率いられている」と。

とりわけ社会の貧困層が、最も無防備で、脆弱《ぜいじゃく》な状態に置かれています。過密な住環境のためであり、お金がないことから仕事に出かけなければならず、家にいられないためです。また高齢者や、高齢者施設で悪条件のもと働く介護福祉士たちも、非常に大きなリスクに晒されています。さらに、多くの労働者が失業の危険に直面しています。

このとき、人々を実際に差別しているのはウイルスではなく、社会です。このカタストロフは、医療の専門家たちも言っているように、政治的な破滅だと私は思っています。気候変動という、より巨大な危機と同じく、すべては政治、経済の根本的な変革なしに解決することはできません。

労働に何が起きているのか

是枝裕和さんと対談をした昨年（二〇一九年）の夏から、状況は大きく変化してしまいました。ほんとうに大きな変化です。

是枝さんとお話しできたのは、大変光栄なことでした。楽しかったですし、良い人だと感じました。これはとても大事なことです。良い映画監督であるための必須の条件だからです。良い監督は、まずは良い人でなければなりません。

もしそうでなかったら、映画を見ればすぐにわかります。他の人たちについての気遣いがない人間がつくった映画は一目瞭然《いちもくりょうぜん》です。ですから良い映画監督の必須条件は、良い人であること。じつにシンプルなことです。

『万引き家族』(二〇一八)に代表される彼の映画は、鮮やかでほんとうに美しいと思います。とりわけ、映画の登場人物のような人たちに愛情と敬意をもっていると感じられるところが好きです。おそらく私と是枝さんは、人間や社会に対する関心のありように、共通するところがあるのだろうと思います。

本書の対談は、私の映画『家族を想うとき』(二〇一九)の製作をきっかけに行われました。この映画は、前作『わたしは、ダニエル・ブレイク』(二〇一六)と同じく、ニューカッスル(イングランド北部の工業都市)で撮影されたものです。

私は『わたしは、ダニエル・ブレイク』で、国の助けを必要とする人々が、どんな扱いを受けているかを描きました。彼らは病気やさまざまな理由で、コミュニティからの金銭的支援を必要としています。一方、このコインの裏側には、労働の問題があります。労働に何が起きているか、ということです。

いま、労働は不安定で、一時的かつ賃金の低いものになり、人々はほんとうに将来の計画が立てられなくなっています。来週は何時間働けるのか、そもそも仕事があるのかさえわかりません。

ですから、私たちは労働について、つまり労働がどう変わったのかについての映画をつくることが、きわめて重要だと考えました。そうして、もう一つの映画『家族を想うとき』が生まれました。

すべての人々が怒らなければならない

不安定な労働が、家族、つまり両親と子どもたちにどのような影響を与えるのか。また、賃金が低すぎるためにかなりの長時間労働をせざるをえないとき、人々がどれほど疲弊《ひへい》するのか。これらが、私たちが『家族を想うとき』で描こうとした問題です。

私は、文明社会においては万人が安定した仕事を持ち、家族を食べさせ、養うための賃金を得る権利がある、と思っています。労働組合が強かったときは、労働者は一日八時間働いて家族を養い、家を持つことができました。しかし多くの場合、それが可能ではなくなってきています。

たとえば、店が閉まり、多くの人たちがオンラインで注文するようになったことで、いま宅配のために、大量の白いバンが地域中を走り回っています。低賃金で不安定な、長時間勤務のドライバーを乗せて。これはドライバーたちにとって危険なことです。

彼らは一日十二時間、あるいは十四時間働き、しかもときには二つの仕事を掛け持ちしています。排気ガスは環境汚染につながり、お店が消えれば地域のコミュニティも崩壊します。

そして最も悪い影響は彼らの家族に及びます。とくに子どもたちは、家族という環境を失います。なぜなら両親が夜遅くまで長時間働いていて家にいないからです。とりわけ子どもたちがティーンエイジャーだった場合はサポートが必要です。私たちが大事にしてきた、あらゆるものに悪い影響が及んでいるのです。

これは資本主義を推進していったときに、何が起こるかという問題です。資本主義は安価な労働力を要求します。それは、私たちの生活にとって、きわめて破壊的だということです。

私はこれらの状況に対して、すべての人々が怒るべきだと思います。私たちは「このようなあまりにも搾取《さくしゅ》じみた仕事は受け入れることはできない。労働者がこんなやり方を我慢しなければならないなんて、受け入れることはできない」と言わなくてはなりません。これは個人的な怒りではなく、政治的な怒りです。私たちには家族を養うために、まともな賃金を得る権利があります。にもかかわらず、それを得ていないのですから。

私たちの映画産業においても、一時雇用の労働者が増え、撮影クルーの数は減っています。カメラマンは一人だけ、音声録音スタッフはいない、ということもざらです。ここにも人員削減の動きがあります。解決するには労働運動がもっと強くなることが必要です。私たちは抗議すべきなのです。

社会や世界を変えていくために

私は映画づくりにおいて、ストーリーや演技の真実味、信頼性を重視してきました。『家族を想うとき』の撮影では、集配所のシーンに出演している宅配ドライバーたちはみな、ほとんどが現役のドライバーか元ドライバーたちです。彼らは仕事の段取りや進め方を熟知していましたし、またそれを素早く成し遂げなければならないというプレッシャーも経験していました。

主人公のリッキーを演じたクリス・ヒッチェンもまた、俳優になる前は建設業界で配管工として長年働いていました。彼の持っている態度や物腰は、労働者階級の人間のものです。その真実味こそが、観客の心を動かします。真実味は、観客が物語を信頼し、登場人物のなかに本物の感情を感じとるために欠かせないものです。

映画の撮影は、とてもフラジャイル（繊細で脆《もろ》い）です。とりわけ、映画出演の経験がない人たちと仕事をするときはそうです。あっという間に空中分解してしまうかもしれません。全員の集中を切らさないために、ひたすら膨大な感情のエネルギーが必要になります。自分が精一杯エネルギーを注がなければ、関わる人たちはエネルギーを生み出せません。

ですから私は、どうやったらモニター越しに演出ができるのか、理解できないのです。彼らのなかに入っていき、自らが活発に動いて現場にエネルギーを注がなければいけないと思っているからです。ハードワークですが、映画をつくることができるのは幸運で名誉なことですから、疲れるなどとは言っていられません。

映画監督として私が望むのは、映画づくりにおいて良きプロフェッショナルであること。そして、観客のみなさんがその映画を終わりまで見てくださることです。見終わる前に映画館の席を立ったり、テレビのスイッチを切ったりしないでいただければ、と思います。

みなさんに登場人物たちの仲間になっていただき、彼らのことを興味深く、大切であると感じて欲しいからです。もし未来においても私の映画が見られるとしたら、それは一つの成果でしょう。ただ、そのときも私が望むのは、やはり人々に映画を終わりまで見てほしいということ、それだけです。

一方、一市民としての私には、この社会を一部の支配階級のものではなく、万人のものに変えていくために、政治に参加し、発言し続ける義務があります。映画やこの書籍を通じて、みなさんの心だけでなく頭にも、私の思いが伝わることを願っています。

家族と社会が壊れるとき　目次

第二章 〈対談〉家族と社会をめぐって 是枝裕和／ケン・ローチ……47

＊本書は、「クローズアップ現代＋　是枝裕和×ケン・ローチ〝家族〟と〝社会〟を語る」（二〇一九年九月一七日、NHK総合）、および「BS1スペシャル　是枝裕和×ケン・ローチ　映画と社会を語る」（二〇一九年一〇月二六日、NHK BS1）の内容をもとに、二〇二〇年六月以降に追加取材を行ったうえで、大幅に加筆修正したものです。

〝私は依頼人でも顧客でもユーザーでもない。怠け者でも、たかり屋でも、物乞いでも泥棒でもない。国民保険番号でもなく、エラー音でもない。きちんと税金を払ってきた。それを誇りに思ってる。地位の高い者には媚《こ》びないが、隣人には手を貸す。施《ほどこ》しは要らない。私はダニエル・ブレイク。人間だ。犬ではない。当たり前の権利を要求する。敬意ある態度というものを。私はダニエル・ブレイク。一人の市民だ。それ以上でも以下でもない。ありがとう。〟

――『わたしは、ダニエル・ブレイク』より

第一章

『万引き家族』と『家族を想うとき』から見えてくるもの

是枝裕和

最も尊敬する監督

ケン・ローチ監督は、現役で活躍されている映画監督のなかで、僕がいちばん尊敬している方の一人です。

僕が映画監督としてデビューして、映画づくりを始めたとき、いちばんの指針となったのが、ケン・ローチ監督の映画でした。そのテーマや方法論からも、世界をどのように見つめていくか、そのなかでどのように人間を描いていくかという姿勢からも、非常に多くのことを学びました。

市井《しせい》の人々の生活を丁寧に撮りつつ、いろいろな要素を同時に提示しながら、きわめてシリアスな社会性とユーモアを両立させているところ。また、メッセージ性がドラマのなかに自然なかたちで溶け込んでいて、決して浮かないところも、素晴らしいと思っています。

そのように、いわば憧れ以上の存在であるローチ監督と、このタイミングでお会いできたのは、僕自身にとっても重要で、ほんとうにいいお話をお聞きできたと思っています。この機会に改めてローチ監督の作品をほとんど全部、見直すことができましたし、単純に一ファンとしても、お話ができて幸せでした。

自分が最も尊敬し、私淑する「師匠」とお話しするということで、じつはとても緊張していたのですが、いざお会いしてみると、楽しい時間を過ごすことができました。改めて「対談」などと銘打たれると、なんだかお尻がムズムズしてしまいますが、はじめから僕自身は対等に話すつもりはなく、ただのインタビュアーのつもりで臨みました。自分が並んでしゃべっていたのが嘘みたいな感じが、いまだにしています。

タイミングに関して言えば、まずローチ監督が前作や前々作のあたりから、もうこれを最後に引退するとおっしゃっていたことがあります。監督は、劇映画からの引退宣言をした『ジミー、野を駆ける伝説』(二〇一四)のあと、それを撤回して『わたしは、ダニエル・ブレイク』(二〇一六)を撮り、これを最後に引退すると表明しました。しかし再び撤回して、新作『家族を想うとき』(二〇一九)を撮ったのです。

監督はこのところ、作品を撮るたびに引退を宣言されていますが、実際にお会いして話を聞いてみたら、「引退宣言なんてしましたっけ?」という感じです。たぶん、もう次の作品に意識は向いているのではないでしょうか。具体的にそういう話をしたわけではあり

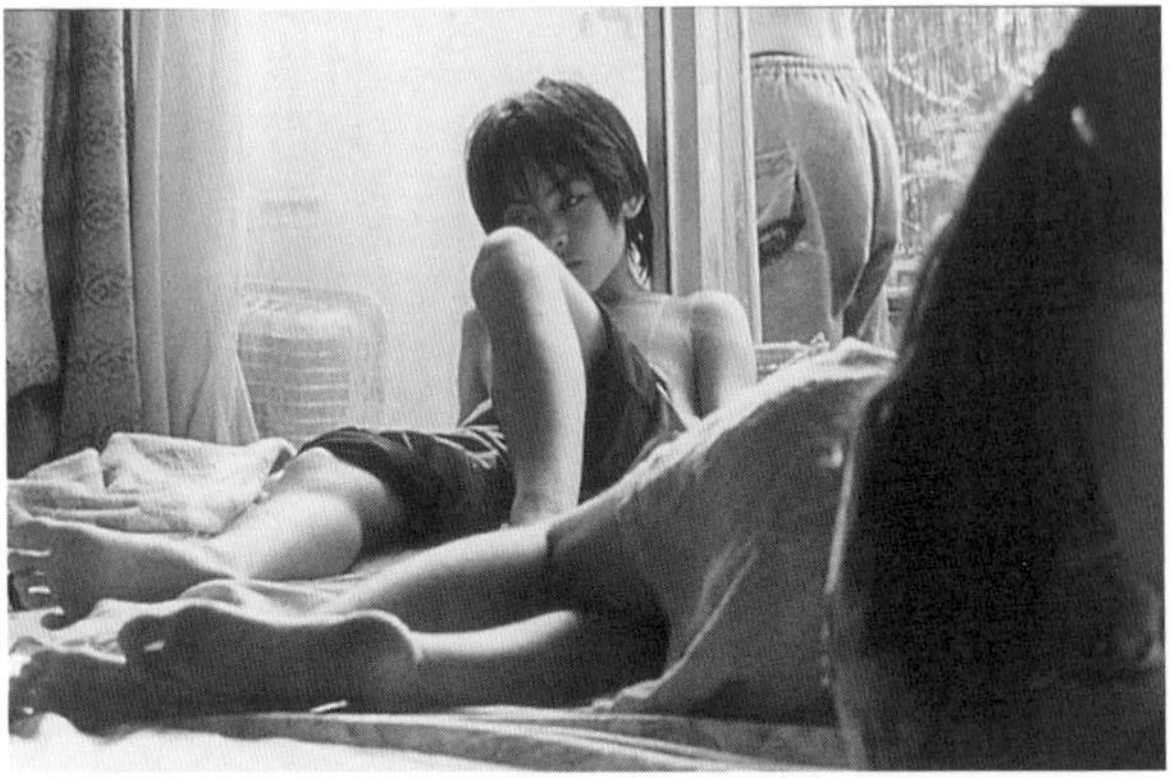

『誰も知らない』監督・脚本 是枝裕和　©2004「誰も知らない」製作委員会

ませんが、そのくらいほんとうに意欲的で、以前お会いした十六年前と変わらず、アグレッシブな姿が印象に残っています。

転機となった出会い

十六年前、ちょうど僕が『誰も知らない』(二〇〇四)という映画の撮影が終わったタイミングで、来日されていた監督とお会いする機会がありました。『誰も知らない』は僕自身の方法論を見つけていくプロセスのスタートになった作品でしたから、そのときにローチ監督とお話しさせていただいたことが、自分のなかで大きな転機になっています。

その一つの完成形というと大げさかもしれませ

んが、それ以来自分なりにいろいろやってきたことのいわば「まとめ」のようなものが、『万引き家族』（二〇一八）という映画です。ですから、その作品のあとでローチ監督と再会するということは、僕にとってすごく大きい出来事だったということです。自分にとっての節目となる大事な時期に、こうして二度もお話しさせていただくことができたのですから。

今回はＮＨＫの番組の企画というかたちでしたが、通常は監督同士がこのように長い時間、お互いの作品について語り合うなどという機会は、なかなかありません（僕自身は先ほども言ったように、あくまでインタビュアーのつもりでしたが……）。もちろん、お互いの現場を陣中見舞いのように訪れることはあります。でも、そのときは相手が撮影中なので忙しく、立ち話くらいしかできないのが普通です。

また映画祭の授賞式などで会ったときも、「おめでとうございます」とか「次は何を撮るのですか？」くらいの会話はしますが、パーティーに出たとしても食事をしながらせいぜい十五分か二十分の会話が限度。こんなふうにまとまったかたちでお話しさせていただくのは、ほんとうに滅多《めった》にないことです。

それが今回、まさに自分が最も尊敬している監督とのあいだで実現できたのは、とても貴重な機会でしたし、改めて素晴らしい時間だったと思います。

崩壊はいつも内部から起きる

ケン・ローチ監督のすごいところは、人や社会を見る目がまったくブレないところです。一九六六年に初監督したＢＢＣのテレビドラマ『キャシー・カム・ホーム』から、八十歳を過ぎて撮った最新作の『家族を想うとき』まで、監督は一貫して、社会のなかで生きづらさを抱えた人たちの物語を撮り続けています。

それはもしかすると、監督が理想とする社会や人の生活が、なかなか実現の方向に向かわないどころか、むしろ実現しえないような状況がますます色濃くなっているために、そうした現実に対する憤《いきどお》りを表現し続けざるをえない、ということでもあるのかもしれません。ですがその憤りが、彼を創作に駆り立てる、一つのエネルギーになっているのだろうと僕は思います。

新作を拝見しても、ローチ監督はちゃんと怒っているな、と感じました。八十歳を過ぎても、こんなに瑞々《みずみず》しい作品が撮れるのだ、と勇気づけられる思いがします。人間に対して決して諦めておらず、社会や人の生活はこうあるべきだ、という理想をきちんと持っているから、なぜそうならないのか、という現状に対する怒りがなくなることはおそらくないのでしょう。それが作品の強さにもなっています。

ローチ監督には、社会主義という明快な思想と、哲学がありますから、そのあたりは僕とはずいぶん違います。つまり社会主義者という立場から、いまの資本主義社会のシステムや、労働者を搾取する者たちに対する怒りを持っているわけです。

しかし監督が素晴らしいのは、社会で虐《しいた》げられた人々が被害者で、彼らを虐げる加害者が政府だという、単純な二項対立の図式だけで人間を捉えようとはしないところです。政府と現行の政治への批判は強く持っているのですが、その一方で、人々の生活、彼らの幸せを脅かす敵は、彼ら自身の生活の内部にもいるという捉え方を常にします。

ですから決して、社会で虐げられた人々を単純な被害者、善人として描くわけではないし、その敵が外部にいる悪者であると決めつけることはしません。むしろ崩壊はいつも内部から起きていく。そこはほんとうに一貫しています。

複雑な現実をそのまま捉える

最新作『家族を想うとき』でも、物事は決して単純ではありません。じつは非常に複雑な視点や価値観が入り組んでいます。

たとえば、フランチャイズの宅配業者であるお父さん（クリス・ヒッチェン）が、十二歳の娘（ケイティ・プロクター）を仕事中の車に乗せる、とても幸せな親子の時間のシーンがあります。忙しくてふだんなかなか持つことのできない、父と娘の幸せな時間を束の間《つかのま》持つことができた。ところがそれが、本部のマネージャーから規約違反だと責められる結果になる。このように、幸せと不幸は常に背中合わせになっています。

そして家族を支えようとする仕事が、逆に家族を崩壊に導いていってしまう。パートタイムの介護福祉士として働く母親（デビー・ハニーウッド）の仕事も、低賃金でありながら多忙を極め、なかなか子どもたちの面倒が見られません。そうしたなかで、十六歳の息子（リス・ストーン）と父親の仲違いは深刻化していきます。なんとかして兄と父親を仲直りさせたい、家族を再び結びつけたい、そういう思いで娘がしたことが、逆の方向に働いてしまう——。

戦後の日本で、いわゆる社会主義とか共産主義を旗印にしてつくられた映画は、もちろん一概には言えませんが、もっとわかりやすいものが多いと思います。人間を捉える目が単純化されているというか、良くも悪くも善悪が図式的にできてしまっていて、いま見るととても古臭く感じられる作品が多い。ですが、ケン・ローチ監督の作品にはそれがないのです。

ローチ監督の映画は、良かれと思ってした行動が、必ずしも良い結果に導くわけではないというかたちで、因果関係が決して単純ではありません。二律背反する複雑な現実の姿が、丁寧に描かれています。

要するに、ある構図のなかに人間をはめ込んで撮っているのではなくて、まず人間の暮らしを見つめていこうという目線の低さがあって、そこから見えてくる現実の姿をきちんと丁寧に撮っている。だから単純な図式には収まらない。

この人間を捉える網の目の複雑さが、僕が「素晴らしいな」と憧れるところでもありますし、最も尊敬している部分の一つです。

監督からもらった大きな宿題

対談のなかで、ローチ監督は、僕の映画にも自分の映画と共通の方法やテーマがあると言ってくださいました。ですが、率直に言ってまだまだ比べていただくには未熟で、自分の努力が足りないなと感じています。

たとえば、ローチ監督の映画は確固とした信念に基づいてつくられています。それは、「労働者階級の人々を不幸にしているのは、彼らから搾取している資本家たちである」という信念であり、その考えはまったく揺るぎません。

もちろん先ほども述べたように、搾取されている人々がほんとうに純粋で、単純に善なる者であるかというと、決してそんなことはないという描き方をしますし、物語のなかでは平気で犯罪に手を染めたりもします。

しかしローチ監督の作品のなかでは、貧困に苦しむ労働者階級の人たちが、物を盗んだり、資本家側である保守党のクリケット場から芝生を剝《は》がしてきて売ったり、そういうことをしても一切罪に問われないのです。むしろある種の爽快感や、解放感のようなものがあって、溜飲《りゅういん》を下げるかたちで許されてしまうところがある。

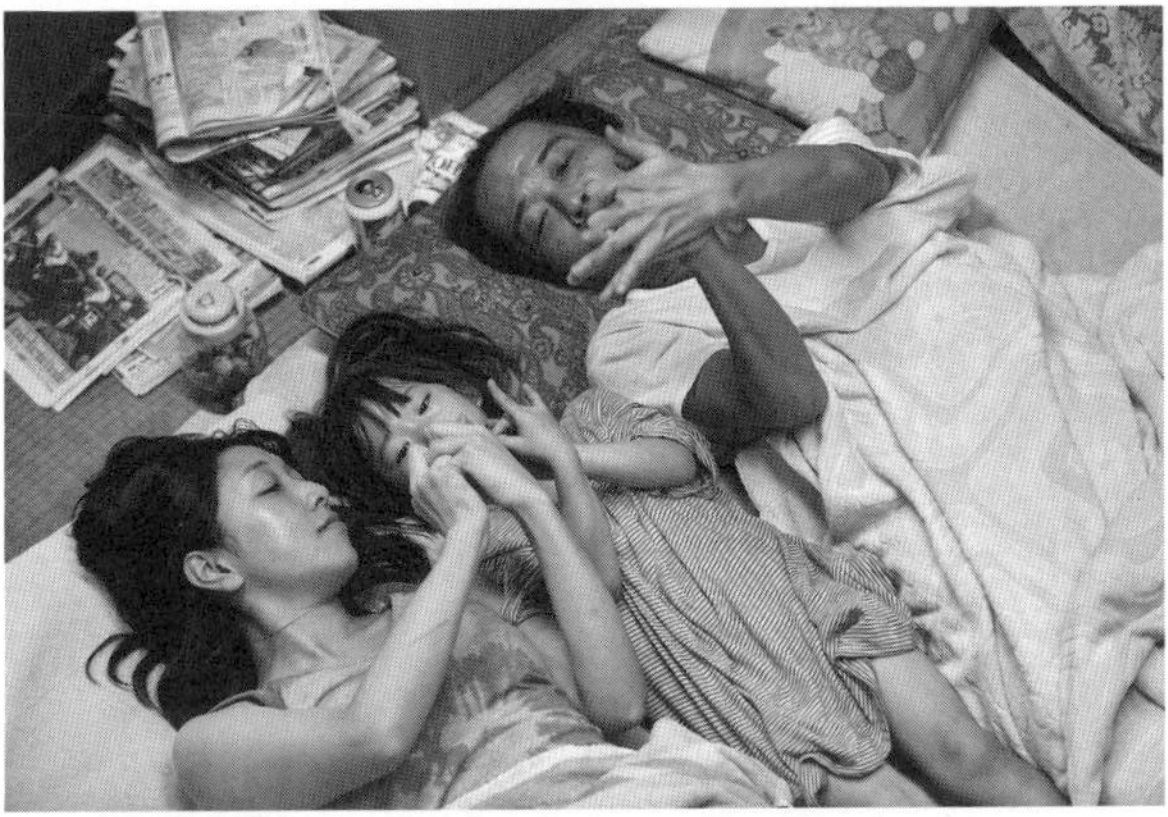

『万引き家族』監督・脚本 是枝裕和　©2018フジテレビジョン ギャガ AOI Pro.

詳しくは対談を読んでいただければと思いますが、そのことについてローチ監督は、富裕層の資本家たちは、常に巧妙なやり方で罪に問われない犯罪を行っているのだから、彼らに搾取されている貧しい労働者たちのささやかな犯罪が裁かれる必要はない、という意味のことをおっしゃっていました。裁かれずに合法的な盗みを働く者たちが他にいるではないか、というわけです。

「ああ、やはりそうなのか」と思いました。僕なら映画をつくるときに、たとえば『万引き家族』であれば、万引きをする家族たちが、どこかで自分たちの罪を認識する瞬間を描かなくては、と思ってしまいます。別に僕自身は彼らが裁かれるべきだとは思わないし、むしろ観客に対して、彼らがほんとうに裁かれるべきなのだろうかという問いかけをしようと思っているのですが、それでもやはり物語のなかでは裁かれたほうがいいだろうと、そのような描写をします。そうすることで逆に、「問い」が観た方のなかで鮮明に残るのではないかと思うからです。

しかしローチ監督は、そういうふうには描きません。監督の映画では、彼らは裁かれることはないし、その必要もない。どの作品を見ても、『リフ・ラフ』(一九九一)でも『レイニング・ストーンズ』(一九九三)でも『天使の分け前』(二〇一二)でも、みんなそうです。

いま述べた部分が、おそらくローチ監督の映画と僕の映画の大きく違うところだろうと思いますが、この違いを一概に自分の個性と言ってしまっていいのかどうか。むしろそれは弱点なのではないか、作品のなかでの人間描写をどこかで甘くしてしまっているのではないか。お話をさせていただき、そうした自分自身への問いかけ、大きな宿題を持ち帰ったという感じです。

映画の役割とは

僕の映画にも、ローチ監督と共通の眼差しのようなものはあるかもしれませんが、僕は映画のなかで怒りの矛先を明快に提示しようとはしていません。やり場のない怒りに悶々《もんもん》とする登場人物たちがいて、映画を観ている人も、そのあいまいな状態に悶々としてほしいと思っています。

「じゃあ、どうしたらいいんだ」というときに、何かの答えを提示するのが映画の役割だと言う人もいますが、映画の役割がそれだけかというと、どうしても疑問を感じてしまうからです。むしろ「そんなに簡単じゃないだろう」という思いが先に立ってしまうので、観た人がそれぞれ生活の場に戻ってから、答えを見つけていただければいいと思って作品をつくってきました。

もっと言えば、僕は映画のなかで何か解決策を提示したり、何かを提案したりすることは恐ろしいことだと考えています。「これが答えだ。私たちはこれで幸せになることができるのだ」ということがわかりやすく提示されたら、観る側がそれにすがりたくなるのはよくわかります。

かつて、「世界はこうあるべきだ」とか、あるいは「こうすれば世界は平和になり、人々は幸せになれる。そのために倒すべき敵はこの人たちだ」というスローガンに、人も国も踊らされた時代がありました。だから映画がそうしたプロパガンダになってしまうのは、歴史的に見ても非常に危険なことではないか、はたしてそれは映画のすべきことだろうか、と考えてしまうのです。

人間の歴史が経験してきた失敗を踏まえ、それらを教訓とした映画づくりを僕らはしなければいけないと思っています。

共感が失われた時代

つくり手のなかにも、いまこういう状況の社会や世界に対して、映画は何ができるのだろうということを真摯《しんし》に考えるのは大事なことだと考える人たちがいます。一方、映画でそういうことを直接的に描くのはむしろ良くないと考える人たちもいます。

もちろんどちらのスタンスもありうるだろうと思いますが、僕自身は、「これが特効薬ですよ」「この薬を飲めば世界が平和になりますよ」というような直接的な役割より、「おいしい野菜をきちんと育てて、世の中に提供することで社会の免疫力を高める、そのことによって世の中全体の軸足がちょっとだけ健康なほうに傾く」というような間接的な役割ぐらいが、映画にできるぎりぎりのことではないだろうかと感じています。

ケン・ローチ監督の作品に絡めてもう少し具体的に言えば、ふだん僕たちが見過ごしてしまいがちな人々の声にはならない声を、どうやって掬《すく》い取っていくか、あるいは彼らの眼差しを、どう可視化していくか——つまり彼らがここにいるのだということを、作品のなかに描くことで僕たち自身に気づかせる。それが映画の一つの役割だろうということです。

ローチ監督も映画のなかで怒りの矛先は明確に描きますが、直接的に解決策を提示するということはしません。むしろあっけらかんと投げ出して終わることも多い。それは世界がどうしたら良くなるかを考えるのであれば、世界はどうなっているのかということを、きちんと描くことがまず必要だからでしょう。

医者と同じで、患者のどこがどう痛んでいるのかをちゃんと診断してからでないと、いきなりメスを持ってきて手術するというわけにはいきません。治療するにしても、最初にちゃんと患部を見きわめることが大事ではないでしょうか。

いまの時代は残念ながら、もし誰かが「痛い」と声を上げても、その痛みに共感するどころか、その声を聴こうとしないし、そもそも自分たちと関係あるものだとは捉えないという、世界的な風潮が蔓延《まんえん》しているように感じます。おそらく加速度的にその風潮はひろがっていて、日本でもどんどんそういうことが起きていると思っています。

イギリス社会と日本社会の違い

ケン・ローチ監督は、そういう人間の不幸がどこから来ているかを正確に捉え、その原因を社会の構造のなかに探っていくことの重要性を対談でおっしゃっていました。

いま世の中がどうなっているのか、人々がどのような不幸に直面しているのか、あるいは幸せなのかを構造的に見きわめ、表面には見えない部分まで深く示そうとしているのが、たぶんケン・ローチ監督なのだろうと思います。

そのときに、ローチ監督は政治的なスタンスの影響もあるのでしょうが、社会構造のベースには労働者階級と資本家階級の対立がまずあって、それが搾取を生み出していると考えます。

もっともイギリスと違って日本の場合は、その辺がもう少しぐずぐずとした構造になっていて、はたして階級社会なのかどうかを判断することも難しい、わかりにくい状況になっています。僕は明快にそれを定義できる立場ではありませんが、日本の場合、白と黒がもっと混じり合ってしまっていて、たとえば労働者階級と資本家階級というような、二項対立の構造では何かを描けない状況があるような気がするのです。

そのように考えてみると、僕がケン・ローチ監督ほど明快に、映画に対して政治的に向かうことができない原因は、もちろん僕自身の考え方にもあるでしょうけれども、もう一つ、イギリスとは違う日本社会の事情が関係しているのかもしれません。

家族というモチーフ

ローチ監督の最新作の邦題は『家族を想うとき』です。先ほども簡単に触れましたが、これは崩壊寸前の家族の姿を描いた映画です。

原題は異なっていて、『Sorry We Missed You』。これは宅配便の不在連絡票に記されている文言と、家族の想いを掛けたタイトルです。「残念ながらお会いできませんでした」という事務的なことばに、仕事で忙しい父親に向けた家族の想いを表す、「私たちはあなたに会えなくて寂しかった」という意味が重ねられています。

僕も映画のなかで、さまざまな「家族」の姿を描いてきました。じつは、「もうホームドラマは離れます」と何度か公言してきたのですが、結局またホームドラマをベースにした物語を撮ってしまう。だから、もう「ホームドラマを離れます」とは言わないことにしようと思っています（そんな自分自身もふくめて、つくり手の言うことをあまり信用しないほうがいいとも思いますが……）。

前作の『万引き家族』も、「家族」とタイトルについてはいますが、ホームドラマかというと、ちょっと違う意識でつくったことには違いないのです。あの登場人物の「家族」は、ほんとうの家族ではありません。彼らは家族共同体から排除されたり、家族共同体がつくれなかったりした人たちだから、その人たちがある種の幻想として、家族的な共同体を求めた結果が、彼らが同居しているあの家です。

だからあそこでの彼らの振る舞いは、彼らが憧れて手に入れられなかった、昭和の雰囲気を色濃く残す三世代同居の、家族的な共同体を実現しようとしているわけです。それはある種ファンタジックなものとして、すでに現実にはなくなっているけれども、彼らが思い描いている「家族」という共同体です。

　フランスで撮影した最新作の『真実』(二〇一九)は、カトリーヌ・ドヌーヴさん演じる母と、ジュリエット・ビノシュさん演じる娘の物語なので、その意味では「家族」の話ではあるのですが、ホームドラマかと聞かれると、これも自分ではちょっと違うものをつくったつもりではあります。

　もちろん撮影前に描きたいと思っていたテーマと、撮り上がった映画が表現しているテーマが、必ずしもイコールではなかったり、撮りながら「あ、自分がやろうとしていたのは、こっちだったのか」とわかったりすることは多々あります。また作品がどこに辿り着くのか、自分でもあまり明快にわからなかったりする場合もありますし、わかったつもりでしゃべっていても、観た人がどう受け取るかは別問題。それが映画づくりの難しさであり、面白さでもあるのかな、と思います。

『真実』で表現しようとしたこと

『真実』の場合、撮りはじめる前のいちばん初めに考えていたのは、「役者って何だろう?」ということでした。つまり、演じるというのはどういうことなのだろうか、演じているとき、役者は役者本人と演じている役とを、どのように区別して、あるいはどのように捉えながらそこにいるのだろうか、というようなことを漠然と考えていました。

というのも、これはもともと十八年前に最初は舞台用の脚本として、舞台女優の話を書きはじめたものが、かたちを変えて映画『真実』になったという経緯があるからです。役者を目指したけれど諦めて脚本家になった娘が、テレビ俳優の夫(イーサン・ホーク)と愛娘を連れて、フランスを代表する大女優である母親が書いた自伝『真実』の出版祝いをするために、里帰りする一週間の話です。

ありもしない嘘が書かれた『真実』という自伝をめぐって、娘が母を問いただすのですが、この二人の関係を物語の縦軸に据えて、その一週間のなかで娘がどのように母親を理解し、乗り越えて許していくか——こうして女優というテーマに、ホームドラマ的な要素が加わったわけです。

『真実』監督・脚本 是枝裕和　©2019 3B-分福-MI MOVIES-FRANCE 3 CINEMA, photo L. Champoussin © 3B-Bunbuku-Mi Movies-FR3 ／ブルーレイ &DVD 発売・販売元：ギャガ

出来上がった映画を見ると、これはカトリーヌ・ドヌーヴという一人の女優に、捧げられたというよりも、彼女からもらったものだという感じがします。彼女が演じると、一挙手一投足からまったく目が離せなくなる。何だろう、この人の魅力は……と、二時間弱にわたって追い続ける作品になっています。カトリーヌ・ドヌーヴという女優が女優を演じるという構造になっているけれども、ではカトリーヌ・ドヌーヴとは何なのだろう、と観た人が思うような作品になっているのではないでしょうか。

その意味でホームドラマとしてつくった

わけではないのですが、一方で家のなかで母と娘のあいだに起きていることを、過去、現在、そして未来に起きるであろうことをしっかり捉えてみたいと思いながらつくったので、ホームドラマといえばホームドラマなのかもしれません。

弱いところにしわ寄せがいく社会

僕の映画には「家族」というテーマがよく出てくると言われますが、それはたぶん、僕自身がよくわからないから、それについてもっと知りたいと思っているからなのでしょう。

制度として見ても、血縁のみでつながっている家族制度というものはおそらく、いまや変わらざるをえない状況になっている。三世代世帯などの伝統的家族像は、もう統計的にも少数でしかないという現実のなかで、ホームドラマというものがどのようなかたちでありうるのだろうかということを、つくり手自身が考えていかなければいけない、と思うのです。

いま、「これが家族である」とか、「これが家族の幸せのかたちである」というふうに描くのはとても難しい。それはある種の抑圧として働く場合があります。ですから、「母とはこうあるべきだ」とか、「家族とはこうあるべきだ」というかたちで、「べき」で考えるのはよくないと僕は思っています。

いまは共同体というもの自体が、流動的にかたちを変えつつあります。地域の共同体も、学校という共同体も、企業という共同体も、いろいろな共同体がかたちを変えつつある。そうしていろんな共同体が流動化して、脆弱になってきたときに、大きな問題だと思うのは、共同体がいわゆるセーフティー・ネットとして機能しなくなっていることです。

そのとき、人がすがる最後の共同体、もしくは最初の共同体が、家族の共同体なのでしょう。しかしそこに大きなひずみがきているから、弱いところに全部しわ寄せがいきます。家族でいうと、子どもと高齢者という弱いところにしわ寄せがきている。あとは、母親です。

僕自身は一九六〇年代の生まれなので、古典的な三世代世帯みたいなものは、幼いときの記憶のなかにしかない世代です。それでも、たとえば子どもの面倒をみてくれる人が親以外にも世の中にいる状況がまだあった。

隣の家のおばちゃんに預けるとか、近所のおばあちゃんが子どもを遊ばせてくれるとか、それが安心して暮らすことができる、ある意味で幸せな地域共同体のあり方だったとするなら、それはいまや完全になくなりました。

そのとき子育ての負担は、すべて母親にいきます。いまは弱いところにどんどん負荷がかかっているのに、それを制度が下支えできなくなっている状況があるのではないでしょうか。そういう人たちを柔軟に支える仕組みが、地域社会をはじめとする共同体になくなってきているから、家族をめぐるいろいろな事件が世の中で起きていて、そこにどうしても自分の目がいくということだと思います。

家族のあり方も変わっていく

もっともいま述べたことは、「なぜ家族か」と聞かれたときに考えてようやく出てくる答えであり、あらかじめ家族についてのこうした問題意識を映画のなかで表現しようと考えているわけでありません。

社会がバラバラになっていることへの危機感はありますが、だからといって、バラバラになっていく社会をつなぎとめるために、「やっぱり最後は家族だよね」というのも、僕は違うと思っているからです。

どういうことかというと、二〇一一年の東日本大震災のあと、やっぱり家族が大事なのだと強調されたときに、家族という共同体を血縁に閉じようとしている感じがして、すごく厭《いや》だなと感じたのです。

本来は共同体の捉え方をもっと外側に開いていくべきだったのに、弱ってしまった心の隙間にナショナリズムが入り込んで内向きに閉じてしまい、非常に保守的なほうに向かってしまった。

僕は、それはいちばん危険な状況だと思います。家族や社会、それに国もそうですが、もっといろいろなあり方があっていい。だから家族という共同体にしても、血縁にだけ縛られなくてもいいと思うのです。

僕自身は二〇一四年に、「分福《ぶんぶく》」という映像制作者のグループを立ち上げました。そこにつくり手が十数人集まって場所をシェアしながら、それぞれ自分のつくりたいものをつくりつつ、ゆるやかな共同体を形成しています。部屋を分け合いながら一緒に暮らしているということで言うと、血縁はないけれど、ある種の家族的な共同体ではある。家族というものは今後、もしかするとそういうかたちに変わっていくのかもしれない、と僕は感じています。

『万引き家族』のなかで、安藤サクラさん演じる信代という女性が取調室で涙を流すシーンがあります。観る人があのシーンから何を受け取るかは、それぞれだと思いますが、僕があのシーンでやろうとしたのは、いま振り返ってみると、あの家族が家を失って、たぶんもう二度と一緒に暮らせない状態になったとき、信代という人間がふっと思い出す共同体があの家であり、あの家族なのだと描くことではなかったかと思うのです。

つまり彼らはバラバラになったあと、ようやくほんとうの家族になるのだろうということです。撮っているときにそう思っていたわけではなく、撮った映像を編集しながら、この家族がどの時点で家族になるのだろうと考えたときに、「ああ、そうか」と気づいたのです。

映画のラスト近く、リリー・フランキーさん演じる柴田治という男が、じつは血縁関係のない息子の祥太（城桧吏）に「父ちゃんさぁ、おじさんに戻るよ」と告げます。父親になることを諦めることで、子どもを成長させ、同時に自分も子離れする。そこで初めてほんとうの親子に、家族になる。

その意味で、きっとあの映画が描こうとしていた「家族」は、あの物語の先にあるものなのだろうと思いますし、そのような家族のあり方もありえるのではないかと思います。

八十を過ぎてもラディカルでいたい

最後に対談に話を戻すと、ケン・ローチ監督も、安藤サクラさん演じる信代が涙を流すシーンに注目してくださったのは、とても嬉しいことでした。

あのシーンの撮影は、ローチ監督の真似をしたわけではないにせよ、彼がいろいろなかたちで役者からリアクションを引き出すやり方と似た手法を使いながら、安藤サクラさんから演技ではない、あるいは演技を超えたエモーショナルなものを引き出そうと思って仕組んだものだったからです。やっぱりローチ監督はそこに目がいくんだな、というのがよくわかりました。

ローチ監督と共通する手法でいえば、たとえば子どもたちを撮るときに脚本を渡さないこともそうですが、演技ではなく彼らが体験することをカメラがどう捉えるか、目の前にいる人間の体験とカメラはどのように向き合えるかを、常に考えているところかもしれません。演技を撮るのではなく、アクションとリアクションを撮っていくことを大事にするということです。

そこが僕たちの映画が、わかりやすく言えばドキュメンタリー的だと言われる部分だと思います。「ドキュメンタリー」ということばも、使う人によって意味が変わるので難しいところがあるのですが、その人間がそこで生きているな、という姿をちゃんと捉える。そういう意識の共通性みたいなものは、きっと僕がローチ監督に憧れているからだろうと思います。

演出の手法におけるディテールについて、もう少し突っ込んで聞いてみたかったと思う部分もありますが、ローチ監督はたぶんこれで引退ではないと思うので、また次のチャンスがあるはずです。

対談時、ローチ監督はもう八十三歳でしたが、八十歳を過ぎてもあんなに瑞々しく考えられるのであれば、素敵なことですし、僕自身、八十歳まで頑張るぞという前向きなモチベーションを受け取りました。

もちろん、そのためには監督はものすごく努力しているでしょうし、脚本家のポール・ラヴァティさんやプロデューサーのレベッカ・オブライエンさんをはじめ、周りで支えるスタッフにも恵まれたうえで、実現できていることだと思います。

それにしても、「裁かれずに合法的に盗んでいる奴らがいるじゃないか」というローチ監督の発言には、思わず「ああ、そうだよね」と頷《うなず》いてしまいました。政治的に右とか左とか、そういうことに関係なく、むしろもっとラディカルなものを感じます。

きっと彼の頭のなかには、ロックのような激しい音楽が、八十歳を過ぎてなお鳴り響いているのではないでしょうか。そういうこともふくめて、僕もローチ監督の年齢になるまでまだしばらく時間があるので、もっと努力していきたいと思っています。

第二章 〈対談〉家族と社会をめぐって

是枝裕和／ケン・ローチ

かつては二種類の人たちがいた

是枝　きょうはお忙しいところ、お邪魔してすみません。どうぞよろしくお願いします。

ローチ　いえいえ、こちらこそ。私たちはとても小さなグループで、ここはたった五人だけの、とても小さなオフィスです。問題は、彼らを頑張って働かせることができないこと。スタッフの怠け癖を治すには、どうすればいいんでしょうね、是枝さん？

是枝　（笑）

ローチ　あなたのオフィスは東京ですか？

是枝　はい、ここと同じようにマンションの二部屋を、仲間の監督たちと何人かでシェアしています。製作会社としての機能は持っていませんが、そこでオリジナルの映画の企画をつくっていくためのグループ（「分福」のこと）を五年前に立ち上げまして、いまはそこを拠点に仕事をしています。

ローチ　おお、そうですか。とてもよく似ているようですね。

ところで、きょう（六月十七日）は私の誕生日で、スタッフのみんなが花を贈ってくれました。

是枝　おめでとうございます。

ローチ　ありがとうございます。三十八歳になりました、と言いたいところですが、残念ながら、ほんとうは八十三歳です。

ここはとても小さなオフィスですから、（女性スタッフに目をやって）エマは働くふりをしているだけで、全然働いていません。

〈「働いてますよ」とエマ〉

彼女は仕事をするふりをしているだけです。じつはまったくしていません（笑）。

〈「してます」とエマ〉

そう、このSOHO地区は、かつて映画産業の中心でした。でもいまは、すっかり変わってしまいました。このエリアには、二種類の人たちがいたのです。映画製作者たちと、それから娼婦たち。映画製作者が娼婦でもあったかどうかは、定かではありませんけれど……（笑）。ともかく、いまではずいぶんと退屈なところになりました。

かつては酔っぱらいや、あまり品行のよろしくない人たちばかりの、スキャンダラスなエリアだったんです。私が最初に訪れた頃は、大酒飲みと、ふしだらで不道徳な人であふ

ケン・ローチ監督のオフィスにて。写真左はプロデューサーのレベッカ・オブライエン photo: Joss Barratt, Sixteen Films 2019

れていました。でも現在では悲しいことに、その悪徳は違った意味に取って代わられました。強欲という悪徳です。なんとも残念なことです。

ここで耳にするいろんな話は、五十年前のほうがずっと面白かったし、食べ物もいまよりずっと安かった。

是枝　この事務所は、何年くらい前から構えているんですか？

ローチ　このオフィスを立ち上げたのは……レベッカ、何年だっけ？

〈プロデューサーのレベッカ・オブライエンが「二〇〇二年ですよ」と答える。彼女は『ブラック・アジェンダ／隠された真相』〔一九九〇〕

以来、ほぼすべてのケン・ローチ作品の製作を務め、二〇〇二年にローチ監督と共にこの「シックスティーン・フィルムズ」を設立した〉……そう、二〇〇二年ですから、もう十七年前か。その前は長いこと、このすぐ近くの通りにいました。

〈「十年間くらい、私たちは映画製作協同組合に所属していました」とレベッカ〉けれども問題は、そこで映画を製作しているのは私たちだけで、協同組合としてはうまく機能していなかったことです。そこにはいい人たちもいましたけれど……。

ところで是枝さん、サッカーはお好きですか？（と写真を示す）

是枝　カントナですね……（ケン・ローチ監督『エリックを探して』〈二〇〇九〉にも出演した、元マンチェスター・ユナイテッドのスター選手、エリック・カントナのこと）。サッカーはあまり詳しくないんです。

ローチ　そうですか。いま日本の女子代表チームは、女子ワールドカップ・サッカーで大活躍していますね。彼女たちは、強豪のスコットランドを破りましたよ。

是枝　ええ、いま、頑張っていますね。

ローチ　おめでとうございます、日本の女子選手たちは強いし、とてもいい。
……日本からはいつ来られたんですか？

是枝　いまパリで新作（『真実』〔二〇一九〕）の仕上げをしていまして、きのうパリからユーロスターに乗ってロンドンに来ました。

ローチ　ああ、列車はいいですね。

是枝　ええ、とてもいいです。大好きです。

ローチ　フランス語は話しますか？

是枝　いいえ、ほんのちょっとだけです。

ローチ　ではフランスで、日本語の映画を？

是枝　いえ、フランス語です。カトリーヌ・ドヌーヴさん主演で撮りました。すごくチャーミングなところがある人でした。お昼に撮影にやってきて、メイクをしながら僕とその日の撮影の打ち合わせをするのですが、そんなとき、顔に貼ったパックを触りながら、「これ、金《きん》が入っているのよ」などと嬉しそうに言うんです。そういうところがまた、とてもかわいいと思いました。

ローチ　ええ、ええ。

是枝　今回演じてもらったのは、老いを受け入れられない女優の役です。

ローチ　そうですか。しかし、これまでのあなたの映画とはずいぶん違うようですね。

2003年に撮影されたツーショット写真

是枝　そうですね、いままでとはだいぶ違います。でも、今回も自分でシナリオを書きました。

多くの映画は人々を物としか見ていない

是枝　きょうは何から話そうかと思って悩みながら、一枚の写真を持ってきました。これ、じつは宝物のように大切にしている写真なんですけど……。（と写真を見せる）

ローチ　おお、面白い。いつの写真ですか？

是枝　覚えていらっしゃらないかもしれませんが、二〇〇三年なので、十六年前です。ローチ監督が映画『SWEET SIXTEEN』（二〇〇二）のキャンペーンで来日されて、配給会社（シネカノン）がちょうど僕の作品も扱っていたものですから、その事務所の屋上でご挨拶させていただいたときの写真です。

ローチ　ええ、そうでしたね。あなたはまったく変わってないですね。

是枝　そんなことないです、全然。ローチ監督のほうがまったくお変わりなく、精力的に作品をつくり続けていらっしゃる。そのお姿を、同じつくり手として、常に尊敬しています。

ローチ　ありがとう。あなたの映画、『誰も知らない』（二〇〇四）と『万引き家族』（二〇一八）を見たとき、私と同じような仕事のやり方をする人がいるなと思いました。美しい映画です。

是枝　ありがとうございます。

ローチ　ほんとうに美しい映画です。自分と同じ考え方をした映画作家を見つけるのは、きわめて稀《まれ》なことだと思います。もちろんみんなそれぞれに違いますが、あなたの関心のありようが、私と似ているという意味です。

そして、私があなたの映画で好きなのは、人々を尊重し、愛情をもって撮影されているところ。それは今日《こんにち》では大変稀なことなのです。なぜなら、多くの映画では人々を物としか見ていません。きわめて右翼的だと私は思います。

つまり映画のなかで、きわめて反動的なことをしているのです。一方、あなたは人々を大切に扱い、愛情と敬意をもって彼らを見ている。そこが、私がとても好きなところです。

是枝　ありがとうございます。もしそういうふうにちょっとでも感じていただける部分があるとすれば、それはほんとうにローチ監督から学んだものがとても大きいなと思っています。

ローチ　それは嬉しいことです。ですが……、たぶん私たちはみなお互いから学ぶのです。ほかの映画作家から、自分たちは何が好きで、何が嫌いかを学ぶのだと思います。

私はとりわけ一九六〇年代のチェコの映画作家（イジー・メンツェル、ミロシュ・フォアマンなど）や、戦後のイタリアの映画作家（『自転車泥棒』〔一九四八〕のヴィットリオ・デ・シーカ、

『アルジェの戦い』〔一九六六〕のジッロ・ポンテコルヴォなど）から多くのことを学びました。そして、あなたからも映画のペースやリズムの穏やかさを学びました。

あとで、私からいくつか質問をしてもいいですか？

是枝　ええ……よければ、いまどうぞ。

ローチ　これは、映画づくりにおける技術的な質問です。

私は、あなたがカメラを静止させて撮っているところが好きです。あなたは特にロング・ショットにおいて、カメラを静止させていますね。私はそこが好きなのですが、なぜかというと、それは観察者の視点から見た映像だからです。誰かが、そこで何かを起こそうとして操作するのではなく、じっと観察している映像です。

そのために、私たちはとてもよく似たレンズを使っていると思います。それは人間の眼のように、かなり視野の狭いレンズです。人間の眼のようだという点が私は好きなのですが、それについてあなたは認識していますか？

是枝　ありがとうございます。いろいろと試行錯誤していて、失敗したことも何度もあるのですが、いま考えているのは、映画のカメラというのは人を見つめるための道具だということです。その人を尊敬しながら、節度ある距離でどう見つめていくか。そのために、最適なポジションにカメラを置くということを、いまは心がけるようにしています。

ローチ　それと、私たちはどちらもとても小さな部屋を舞台に撮影することが多いですが、それは裕福ではない、かなり貧しい人たちについての映画をつくっているからです。彼らの住《す》まいはとても小さいのです。

そこで私たちは二人とも、小さな部屋での撮影における、よく似た解決策を見つけていると思います。それは出入口からの撮影です。あなたも出入口から部屋のなかを撮っています。しかし、小さな部屋の片隅に、広角レンズのカメラを立てて撮影する映画作家たちもいますね。私たちがそれをしないのは、そうすると人物も部屋も醜《みにく》く映るからです。

そこで私たちは、部屋の隅に広角レンズを立てるのではなく、一歩後ろに下がって、いわばドアを通して見ることで、遠近感のあるロング・ショットを得られるようにしています。

是枝　ドアを通して見ている。なるほど……。

じつは『万引き家族』ではセットを使っているのですが、セットを使うと、壁も外せますし、いろいろなところに自由にカメラを置けてしまいます。そこで、いつもカメラマンと一緒に、そうしないように、逆にすごく不自由に撮ることを心がけています。

もちろん押し入れの中から撮るときは、押し入れの奥の壁は外しているのですが、そのときも基本的には壁がある前提で、置けるところにカメラを置くという、ドキュメンタリーの撮り方に近いかもしれません。

ドキュメンタリーのカメラがこの家族を撮ったら、どこから撮るだろうかということ、そしてそれ以上に、カメラに自由を与えないということを、『万引き家族』では考えていました。

ローチ　ええ、それはとても重要なことだと思います。もし観客が、カメラの位置がリアルでないと感じれば、あなたは真実を殺してしまう。そこにある観客との信頼を殺してしまうのです。

私がいつも憎んでいて、あなたも決して撮らないショットが一つあります。アメリカ映画などで、走っている車の中の人物を撮影するとき、カメラを車のボンネットの上に置いていることがあるのです。まったく信じられません。あれは、馬鹿げていますよ。

良き人間であること、良き監督であること

是枝　この機会にお伺いしたいことがたくさんあります。作品をまたいで、アトランダムにいろいろお話をお伺いすることになるかもしれませんが、お許しください。

ローチ　ええ、どうぞ。

是枝　先ほど、「人々を尊重し、愛情をもって撮影する」というお話が出ました。『わたしは、ダニエル・ブレイク』(二〇一六)のメイキング映像を拝見していると、フードバンクの列に並んでいる、日本だとエキストラと呼ばれる人たちに、ローチ監督が一人ずつ声をかけていくところが印象的です。列のあいだに女性を誘導しながら、その女性の名前を聞いて、その名前で呼びながら、ここに並んでくれとお願いしています。子どもを抱いた女性には、重いから大変だよね、でもすぐに済むからと声をかけます。

そういう、有名な役者ではない、エキストラと呼ばれる人たち、でも映画のリアリティを出すうえではすごく重要な人たちに、一人ずつ声をかけている姿を見たとき、こうした細部に監督の人間に対する接し方が表れているように感じたのです。それが映画にも反映されているように思います。とても反省させられると同時に、こういうことが大事なんだ

『わたしは、ダニエル・ブレイク』監督 ケン・ローチ © Sixteen Tyne Limited, Why Not Productions, Wild Bunch, Les Films du Fleuve, British Broadcasting Corporation, France 2 Cinéma and The British Film Institute 2016

と改めて気づかされました。

ローチ よく見ていただいてありがとうございます。でも、敬意をもって人々に接することは、人間としてきわめて基本的なことではないでしょうか。この世界に生きる私たちにとって基本的なことです。もちろん私たちが常にすべきことであるし、また同時にプロとしての職業上の理由からも、すべきことではないでしょうか。

主演俳優だけを特別視して、ほかの人たちより重要だとは考えません。彼らも映画製作にかかわっている大勢の人々のなかの一部なのです。ですから、それ以外の人たちと同じように扱われる必要がある。逆に言えば、映画監督は、主演俳優以外の人たちともきちんと関係を築き、彼らがリラックスして、自分たちの価値を感じられるようにしなくてはなりません。もし彼らが自分たちの価値を感じてくれれば、映画に貢献してくれます。私たちには彼らの貢献が必要なのです。

だから、良き監督であるためには、良き人間、礼儀正しい人間でなくてはならないのです。だって、一人か二人の人物だけを大切にして、残りの人たちがそこで起きていることに参加していないような、そんな場面はつくりたくないでしょう？　みんなが一緒に映画を創造していると信じてくれなくてはなりません。それには、彼らと関わり、彼らを知り、彼らとジョークを言い合うことが必要です。

そこには二つの理由があります。一つは、とにかく一人の人間としてなすべきことをするため、そして二つめに、監督として必要なことをするためです。

そうすると、これもとても大事なのですが、主演俳優たちは、自分たちがある場面でほかのみんなより重要なわけではないと気づくことができます。彼らからスーパースターにならなければならないという重責を取り除き、大きな安心感をもたらすことができるのです。自分もまた、多くの登場人物のうちの一人にすぎない。その気づきが、彼らのプレッシャーを少なくしてくれます。

是枝　『わたしは、ダニエル・ブレイク』はほんとうにユーモアがあるし、たとえばナイキのシューズを売ろうとする隣人の黒人青年チャイナ（ケマ・シカズウェ）などもふくめて、脇をかためる人物たちの描写がとても見事で、何度見ても感動します。

そしていつも泣いてしまうのが、シングルマザーのケイティ（ヘイリー・スクワイアーズ）が、フードバンクで衝動的に缶詰を食べてしまうシーンです。あれは、演出的にいうと、ファースト・テイクを使われているんでしょうか。それとも、何テイクか、重ねられたのですか。

ローチ　あれはファースト・テイクです。その場にいるほかの誰も、ケイティが何をするのか知りませんでした。二台のカメラを使った、とてもシンプルな撮影でした。彼女を助けていたフードバンクの女性スタッフも、何が起こるのか知らなかったのです。

家具の配置を工夫して、この女性スタッフが彼女を助けている様子をうまく撮影できるようにしました。もしその場面でほかの人たちが、これから何が起きるのかを知っていたら、ショックがなくなってしまうと思いました。彼らは誰も何が起きるかを知らなかったので、ケイティも感情を解放することができたし、目の前の女性スタッフにリアルなショックを与え、生の反応を引き出すことができたのだと思います。

感情が高まる、まさにその瞬間を扱うときには、自発性が必要です。リハーサルはできません。もしリハーサルをしてしまうと、リハーサルのときに涙が流せても、撮影のときには流れません。ですから自発性と、その場にいるほかの人たちをも驚かせる要素が必要なのです。

演出とリアルのあいだ

ローチ　同じ質問をあなたにしたいです。『万引き家族』の最後のほうで、警察が信代(安藤サクラ)を取り調べるときに、彼女が泣く瞬間は、とても心を打つ、きわめて感動的な場面でした。あれはファースト・テイクでしたか。

是枝　あれは、ファースト・テイクです。

ローチ　ああ、やはり。

『万引き家族』監督・脚本 是枝裕和　©2018フジテレビジョン ギャガ AOI Pro.

是枝　台本には刑事側の質問は書かれていなかったので、彼女は何を聞かれるかわからず、あそこに座っていました。

僕が質問を一つずつホワイトボードに書いて、カメラの脇にいる刑事役の役者に見せて質問していくやり方でした。生のリアクションを撮るために、長回しにして、ワンテイクで撮りました。

ローチ　それは素晴らしい。もう一つ。私たちが映画撮影でそのようなリアルな反応を得るためには、ストーリーの順序に沿って撮ることが重要です。映画の始まりから終わりまで、物事が起きる通りに撮るのです。あなたもそうしましたか？

是枝　予算の問題などもあって、なかなか全部の作品で、実現できているわけではありません。前回の『万引き家族』では、セットの場面はまとめて撮っていたりします。ただ、そのなかでも、役者が気持ちの流れをきちんとつくれるように、物事の流れが逆転しないように頑張ってスケジュールを組んでいるつもりではあります。

ローチ　物事の流れが逆転しないというのは、もちろん全員にとって重要ですが、特に子役には大切ですよね。子どもはストーリーを追う必要があるからです。

是枝　重要ですね。子どもは、それを逆転して考えることがなかなかできないので。今回の『万引き家族』の二人の子役は、ほとんどお芝居が初めてでした。そこで、もちろん台本は渡さずに、その瞬間、瞬間に、僕が耳元でセリフを囁《ささや》いて、ことばを渡していくようなやり方をしました。

家族のシーンを撮ってから、その家族が逮捕されて、子どもたちが警察に保護されるシーンを撮影したのですが、あの小さい女の子（佐々木みゆ）が取り調べを受けるときも、順番に撮らせてもらって、「おばあちゃんのこと（祖母・初枝〔樹木希林〕が亡くなり、遺体が床下に埋められていること）は言わないでね、内緒だよ」と伝えて、座ってもらいました。子どもたちに対しては、そういうやり方を、できるだけ心がけようと思っています。

ローチ　ええ。

是枝　子どもの演出ということで、逆に質問というか、お伺いしたいことがあります。十五歳は子どもというには微妙な年齢だと思いますが、『SWEET SIXTEEN』の主人公のリアムという少年（マーティン・コムストン）が、ギャングのグループに巻き込まれて、いきなり「あいつを殺してこい」と言われてナイフを渡され、一人でバーのトイレに行って男を殺そうとするシーンがありますね。

監督のインタビューを読んだら、ほんとうに殺せと伝えていて、少年は途中でほかの男たちに止められるのを知らされていなかったと書いてあったのですが、それはその通りなんでしょうか。

ローチ　ええ。私たちはリアムがナイフで男を刺すシーンのリハーサルをしました。もちろん安全なやり方です。ほんとうに相手の俳優を殺すことはありません（笑）。

リハーサルでは、彼が相手をナイフで刺す動きと、そのあとに何が起きるかを確認しました。撮影でも当然その通りになると、彼は理解していました。

ところが、いざ撮影になり、彼の緊張が高まって、背後から男をナイフで刺そうと動きだしたとき、トイレの個室からほかの男たちが飛び出してきて、彼を止めたのです。それは彼にとってサプライズでした。なぜなら、私たちは彼がナイフで刺す手順を詳しく説明し、念入りにリハーサルしていて、彼はその通りになるものと思い込んでいたからです。ですから、ショックだったでしょう。血まみれになる説明までしていて、彼はその映像を頭に描いていましたからね。

信頼はすべての人間関係の基本

是枝　十六年前に日本でお会いしたとき、映画『ケス』（一九七〇）のなかで、主人公の男の子ビリー・キャスパー（デヴィッド・ブラッドレイ）が、死んだハヤブサのケスをゴミ箱で見つけて、それを手に兄のジャド（フレディ・フレッチャー）のところへ行って、振り回すシーンについて質問させていただきました。

そのとき、じつはケスが死んでいることは、子どもには伝えずに撮ったというお話をされていました。ちょうど僕も『誰も知らない』という映画を撮り終わったところでした。その撮影では、子どもにストーリーを伝えずに、ある部分では子どもを騙《だま》して、事実を全部は教えずに撮ったり、片方の子どもだけをけしかけて、子ども同士が喧嘩するシーンを撮ったりしていました。

ですから、子どもの演出について、生の感情や演技ではないリアクションを引き出すために、どこかで子どもを騙していく、そのことに対するある種の後ろめたさを引きずっていたのです。けれども、監督は「信頼関係があれば、その瞬間、役者と監督のあいだで多少の相違があっても、それは回復できる自信があった」とおっしゃいました。

役者にストーリーの全部を伝えずに、役者が撮影で初めて発見していく、体験していく。それを映画のなかに取り込んでいく手法を、監督は五十年かけて成熟させてこられたと思うんです。新作（『家族を想うとき』〔二〇一九〕）でも、そのやり方はされていますか。

ローチ　はい。監督の責務は、役者が可能な限り良い状態でいられるようにすることです。これは子役であろうが大人であろうが、あらゆる役者に対して言えることではないでしょうか。

そのとき、信頼は彼らの安心感を保つことになると思います。搾取されない、屈辱を受けない、あるいは残酷な状況に置かれない、つまりは安心であるということです。そうして初めて、彼らは自分の弱さをさらけ出すことができる。

もし彼らが自信をもち、自分が尊重されていると感じられたら、彼らは気を許して弱さをさらけ出し、心を開いてくれます。もし逆に、不安を感じ、まるで気遣いがなされていないと感じたら、心を閉ざして、あなたに何も与えてくれないでしょう。彼らが自信を感じ、安心だと感じ、あなたの思いやりと敬意を感じられるようにすることが大切です。

そのうえで、あなたも同じことをするでしょうが、彼らをストーリーのなかに導きます。びっくりする場面では、ほんとうにびっくりするように導くのです。感情的であってほしい場面で、あなたは彼らにいきなり「いま泣いてください」とは言いませんよね。それは最後に言うことです。あなたはまず、そうなるような状況に、彼らを置くでしょう。

いま述べたことは、映画の中のみならず、映画の外の、どんな普段の人間関係においても同じですね。信頼があるからこそ、人間は弱さをさらけ出し、ちゃんと自分の直観を信じて行動することができるようになるのだと思います。

是枝　もう一つだけ、『ケス』の話をしてもいいですか。

ローチ　どうぞ。

是枝　『ケス』は非常に詩的な映画で、詩情にあふれています。炭鉱労働で地下に潜っていく兄と、空を飛ぶハヤブサに憧れている主人公の少年がいて、地下と空という対比が、ほんとうに見事に描かれていると思います。

そこで描かれている人間たち、なかでも特に子どもに接する大人たちは、あのとんでもなく理不尽なサッカーのコーチや、子どものいうことをまったく聞こうともしないで、ただ鞭《むち》で打つ学校の教師のような人物ばかりです。でも一人だけ、少年のハヤブサへの興味に心惹かれて、わざわざ少年の家まで訪ねてきて、ケスの訓練をするところを見る教師がいますね。

あの教師の存在が、なんだろう、少年が置かれている、とても暗くて未来が見えない状況に対して、何か人間に対する希望を感じさせる存在として、とてもいいなと思いました。大好きなシーンです。

ローチ　どうもありがとうございます。

あの映画はバリー・ハインズというとても素晴らしい作家の本が原作で、そのイメージは本に基づいていています。ですが、あの映画をつくっているとき、私たちはいまあなたがおっしゃったことについて話したことはありませんでした。それは暗黙の裡《うち》にあって、話す

『ケス』監督 ケン・ローチ　Blu-ray発売元：アイ・ヴィー・シー

までもなく物語の本質をなしていたからです。
少年はおそらく炭鉱労働者として、あるいは未熟練労働者として、地下で働いて生きていく運命にあります。それは自由を失うことです。しかし、空を飛ぶ鳥のイメージは自由を表します。
あの鳥は自由でありながら、自由になれないように、奇妙な仕方で訓練されています。自由に空を飛ぶけれども、少年のところに必ず戻ってくる。だからある意味で、鳥は自由をもっていながら、自由であることを選ばないのです。
ですから、これはむしろ、自由と選択の物語であり、そして社会的強制、つまり、しばしばきわめて苛酷《かこく》な条件のもとで働く労働者階級に、社会が要求していることについての物語だと言えます。したがってあの映画では、自由の観念と同じくらいに、社会的なコンテクスト（背景）がとても重要です。

あなたがあの映画のことを覚えていてくれて、嬉しいです。素晴らしいことです。ほんとうにありがとうございます。

「貧困は肌に表れる」

ローチ　ところで、あなたに伺いたいことがあります。私たちはどちらも、労働者階級についての、そして労働者階級出身の人々についての映画を製作していますね。彼らの多くはとても貧しく、弱い存在です。

イギリスにおいては、俳優が本物の労働者階級出身で、ほんとうに貧しいのか、それとも貧しい労働者階級出身のふりをしている俳優にすぎないのかは、たちどころにわかってしまいます。それで、私たちはキャスティングするときに、とても慎重に選ぶ必要があるのです。

そこで質問ですが、あなたがキャスティングするときも同じですか？『万引き家族』のような映画の場合、ほんとうに労働者階級出身で、貧困を知っている人たちを探す必要がありますか？

なぜなら、彼らの肌（の健康状態）や、振る舞い方や、話し方などに、それは見て取れると思うからです。あなたにはその違いがわかりますよね。あなたの映画でも、その違いを意識して、労働者階級の人々をキャスティングする必要がありますか？

是枝　難しいところがありますね。

たとえば子どもを選ぶときに、オーディションで選びますが、基本的にはなるべく、それまで演技経験のない、変な癖のついていない子どもたちを選んで、一緒に作品をつくっていくやり方はします。

ローチ　そうですね、私も同じです。

是枝　でもオーディションに来る、子役事務所に所属している子どもたちは、ある程度裕福な家庭の子が多いのです。そこで作品によっては、子役事務所に入っていない子どもたちにまで範囲をひろげて声をかけ、オーディションをすることもありました。

『万引き家族』に関していうと、もちろんあの家自体は非常に貧しいのですが、あそこに寄り集まっている子どもたちの出自というか生活背景は、じつはバラバラです。なかには裕福な家の子もいて、そのへんであまり統一感がないようにしました。家族という「かたち」を求めてあそこに集まっているという描き方をしたかったので、逆にバックボーンはそれぞれ違って見えるように、顔つきだったり、着ている服だったりもバラバラにと考えたのです。

ローチ　なるほど。

是枝　一目見てワーキング・クラス（労働者階級）だと思うような役者を集めて撮るのは、非常に困難な作業だと、いまお伺いして思いました。チャレンジしがいがある部分かもしれません。それこそローチ監督の映画のなかにあふれている、階級独特のことば遣いや、あるいは方言を徹底するという作業を、僕はまだそこまでできていないような気がします。

ローチ　貧困は肌に表れるのです。それは、食事が貧しいからです。脂肪と糖ばかりの安い食べ物しか食べないので、肥満の人も多い。そして貧困は、彼らが何をするかや、何を話すかだけではなく、彼らの皮膚の肌理《きめ》や、仕草や、ナイフとフォークの持ち方などに、

『天使の分け前』監督 ケン・ローチ © Sixteen Films, Why Not Productions, Wild Bunch, Les Films du Fleuve, Urania Pictures, France 2 Cinéma, British Film Institute MMXII

暗黙の裡に表れます。ですから私たちにとって、貧困や労働者階級の体験が、骨身に染みついている人を見つけることが、ほんとうに大切なことです。

是枝 その意味では、歩き方はどうでしょうか。たとえば『天使の分け前』(二〇一二)の主人公の若者ロビー(ポール・ブラニガン)の歩き方が印象に残っています。ちょっと外股の歩き方というか、ああ、こんなふうに街をうろついている男の子がいるなと思わせられる、すごく特徴的な、いい歩き方です。あれは演じている本人がもともともっているものなのでしょうか、それとも演出なのでしょうか。

ローチ　演出ではなく、本人の歩き方です。私たちは、ストーリーを語るだけでなく、同時に彼らについてのドキュメンタリーを撮ることもできそうな人たちを探します。

彼は実際に服役したことがあり、子どもの頃に路上生活をした経験もあるような、タフな人生を送ってきました。私たちは彼に役を与え、それで彼は俳優になりました。素晴らしい才能の持ち主です。でもあれはほんとうに、彼の歩き方そのままです。

是枝　あのままの歩き方なんですね。

ローチ　『SWEET SIXTEEN』のリアム少年を演じたマーティン・コムストンはサッカーをやっていて、十六歳でプロのサッカー選手になろうとしていました。彼も私たちの映画に出て、結局、俳優になりました。

是枝　サッカーの選手ですか？

ローチ　ええ、でもいまでは、彼らは立派な俳優です。

労働者階級は常に犠牲者ではない

是枝　少し違う切り口からの質問を一つさせてください。

ローチ　はい。

是枝　監督の作品には、サッカーと三本足の犬（ローチ監督の映画にたびたび登場する）ほどではないにせよ、繰り返し描かれる一つのモチーフがあって、家が燃える描写がすごく多いですね。

『SWEET SIXTEEN』にもありましたし（リアム少年が母親のために手に入れようとした湖畔のコテージが燃やされる）、アイルランドの独立戦争とその後の内戦を描いた『麦の穂をゆらす風』（二〇〇六）にも（主人公デミアン〔キリアン・マーフィー〕の恋人シネード〔オーラ・フィッツジェラルド〕の家が英国軍兵士によって焼かれる）、同じく近代のアイルランドを舞台にした『ジミー、野を駆ける伝説』（二〇一四）にもありました（活動家の主人公ジミー・グラルトン〔バリー・ウォード〕が再建したホールが燃やされてしまう）。

また『レディバード・レディバード』（一九九四）でも（主人公マギー〔クリシー・ロック〕の家が火事になった）、テレビドラマ『キャシー・カム・ホーム』（一九六六）でもそうです（主人公夫婦が住むトレーラーハウスが燃える）。

ローチ　『リフ・ラフ』（一九九一）も。

是枝　『リフ・ラフ』もそうですね（建設作業員の主人公〔ロバート・カーライル〕たちが、建設中の建物に放火する）。

そのように、繰り返し家が燃やされる描写があることには、ご自身ではお気づきになっているのでしょうか？　意図的に、何か家が燃えるというイメージに対して、特別な思い入れがあるのでしょうか？　もしかしたら嫌な質問かもしれませんが――。

ローチ　いいえ、それはほんとうに偶然の一致です。あなたに言われるまで、考えたこともなかった。私自身は気づいていませんでした。

しかし、考えてみると、『ジミー、野を駆ける伝説』をはじめ、すべての映画で、場所の破壊はストーリーの重要な位置を占めています。『ジミー、野を駆ける伝説』のホールは、娯楽やダンスのためのものであると同時に、政治的に人々が組織化できる場所で、当時のアイルランドにおける反体制の象徴でした。ですから、支配者側の国家や権力者たちはあの建物の存在に怯《おび》え、破壊する。それは、ストーリーにおいて欠かせない部分です。

是枝　はい。

ローチ　これは大変重要なことですが、私たちは、いくつかの異なる時代を舞台に、労働者階級が組織化され、労働者階級が強さをもち、労働者階級が根源的かつ政治的な、変革の力をもつことについてのストーリーを語ろうと試みてきました。

そして、ストライキについての映画や、またアイルランド内戦について、あるいは社会主義プログラムの実践に力のあったスペイン人民戦線についての映画(『大地と自由』〔一九九五〕)もつくってきました。そこで時として、労働者階級の組織化や、労働者階級の力をストーリーに入れようと努め、うまくいかなかったかもしれませんが、ともかくそう試みたのです。

なぜなら、労働者階級の人々を犠牲者として見せるばかりでは、危険だと思ったからです。その構図は、上位にいる支配階級が欲しているものです。彼らは、貧しい人々についての物語を愛しています。慈善活動にお金を寄付したり、そのことを話題にして泣いたり、嘆《なげ》いたりすることが大好きなのです。

逆に彼らが憎んでいるのは、労働者階級が力をもつことです。だから、人々に力を与え、人々が自分たち自身の力を感じ、自分たちの強さを感じられるようなストーリーを語ることが重要です。そこから変革が生まれるかもしれないからです。

そうしたストーリーは、日常生活の現実を描くことと同じくらい、ほんとうに大切だと思います。ただし、日常生活の現実を描くことも絶対に重要で、そのことをあなたは映画で示してくれました。

しかし同じように、私たちに強さを与えてくれるストーリーも必要なのです。労働者階級には革命的な変化を起こすための力がある、と言うためのストーリーを語らなければ、映画をつくる私たち自身が搾取する側についていると非難されかねませんから。

フィルムとデジタルはまったく別のもの

ローチ　一つ簡単な質問があります。撮影のときに使うのは、フロントボードですか、エンドボードですか（シーン番号・カット番号・テイク数などを記入したボードに音の鳴る拍子木がついた、いわゆる「カチンコ」をいつ使うかという意味）?

是枝　なるべく使わないで、気がついたらカメラが回っていた、というのが好きなんです。

ローチ　ボードはまったく使わないのですか。私も撮影の開始（カット頭）には使いませんが、エンド（カット尻）に使うのはオーケーです。

もう一つ、まだフィルムで撮影していますか、三十五ミリですか?

是枝　三十五ミリでやっています。

ローチ　いいですね。

是枝　監督は『わたしは、ダニエル・ブレイク』で、初めてデジタル・カメラを使われたんですよね?

ローチ　いいえ、デジタル・カメラは使っていません。三十五ミリで撮影しました。

是枝　日本の解説には、『わたしは、ダニエル・ブレイク』で初めてデジタル撮影が行われたと書いてあるんですが、あれは間違いということですね?

ローチ　私はデジタル・カメラが嫌いですから、決してデジタル撮影はしません。

是枝　でも映写機自体はデジタルですよね。

ローチ　三十五ミリの映写機はとても少なくなっていますから。

是枝　この質問をしたのは、メイキング映像を見たら、フィルム・カメラを使っているように見えたので、おかしいなと思ったからです。

ローチ　ええ、私たちはいつも、絶対にフィルムで撮影します。

是枝　ということは、日本の解説が間違っていますね。

ローチ　私たちはデジタルの世界に道を踏み外したことは一度もありません。これまでの作品はすべてフィルムでの撮影です。

フィルムはデジタルとはまったく別のもので、そこには深みや輝き、ニュアンス、あるいはわずかに儚《はかな》さがあります。デジタルのように、フレーム全体があまねくシャープである必要はありません。あいまいさや不思議さといった、興味をそそられるものが、フィルムで撮影された映像にはあります。映像のクオリティの違いは重要です。

また、フィルム撮影には規律が必要で、何をどう撮りたいかをじっくり考え、それを正確に成し遂げなければなりません。カメラのマガジン(フィルムを装填する部品)の中にあるフィルムの長さが、すべての基本になります。ですから、みんなが集中して良い仕事ができるのだと思います。

それと、映画づくりには個人的な直観が大切です。セットのあちこちにモニターがあって、その場で多くの人が確認できるような状況は、とても恐ろしい。俳優たちにも悪影響を与えかねません。

ストーリーを語るためには、フィルムのほうが格段に優れているのです。

人間を描くから社会性がきわだつ

是枝　このあとで政治的、社会的な質問をしたいと思っているのですが、その前に、いくつか個人的に、ローチ監督の映画のなかで、僕の好きなシーンを挙げてもいいでしょうか？　こういうところが好きなんだ、というディテールについてお話ししたいのです。たとえば『マイ・ネーム・イズ・ジョー』（一九九八）で、主人公のジョー（ピーター・ミュラン）が、アパートに招待した彼女（ルイーズ・グッドール）に、昔盗んで、一本だけ売れ残ったというカセットテープの音楽（ベートーヴェンのヴァイオリン協奏曲）を聴かせるシーンがあります。とても好きなシーンです。

ローチ　ありがとう。

是枝　それから、『ジミー、野を駆ける伝説』の、映画が始まってわりとすぐのシーンなんですが、十年ぶりに故郷に帰ってきたジミーが、かつての恋人ウーナ（シモーヌ・カービー）を追いかけて、プレゼントを渡します。すでに別の人と結婚して家庭のあるウーナは、

『ジミー、野を駆ける伝説』監督 ケン・ローチ　© Sixteen Jimmy Limited, Why Not Productions, Wild Bunch, Element Pictures,France 2 Cinéma,Channel Four Television Corporation,the British Film Institute and Bord Scannán na hÉireann / the Irish Film Board 2014

自転車で帰ろうとしているのですが、背後からジミーに呼びかけられたとき、一瞬戸惑うんですね。振り向こうかと、躊躇《ちゅうちょ》する。その「どうしよう」という、ちょっとした間だけで、二人がかつてどういう時間を過ごしてきた間柄かが、一瞬でわかります。

一般的に、ローチ監督は「社会派」と言われていますが、じつはラブ・ストーリー、男女の微妙な感情の表現が、とても上手だなと僕は思うのです。

ローチ　ええ、そうであればよいと思います。私たち一人ひとりの経験は、とても個人的なものですよね。人間関係においても、相手が男性であろうが、女性であろうが、親であろうが、子どもであろうが、老人であろうが、何であろうが、その経験は個人的なものであり、そこから私たちは争いやドラマ、裏切りや信頼といったものを学びます。

肝心な点は、社会的な枠組み、経済的な枠組みは、そうした個人的な関係にも影響を及ぼすということです。ウーナとジミーの恋愛関係は、ジミーが国家によって迫害されたことで、壊されてしまいました。でなければ、彼らはカップルになり、一緒に暮らしたことでしょう。彼らの心情の深みを理解できなければ、国家が二人の関係の進展を阻害したことに、怒りを感じることはできません。それら(人間関係と社会性)は二つの別々のものではないのです。

私たちの愛情や情熱、ほかの人に対する気遣いの心は、しばしば経済的な事情や、あるいは政治的な事情によって、制限されたり破壊されたりします。私たちが努めて描こうとしているのは、そのような人間と人間のつながりなのです。おそらく、あなたも同じことをしているのだと思います。

労働者階級の搾取と分断

是枝　とても共感し、尊敬しているのは、そうした人間関係の非常に豊かな描写と、いわゆる社会性とが一体になっているところです。

日本ではローチ監督は「社会派」という呼ばれ方をされています。ですが、「社会派」といっても、監督の映画では、決して可哀そうな労働者階級がいて、搾取する側がいて、彼らが敵対していて……といったわかりやすい二項対立の構図は描かれません。先ほど「裏切り」ということばを使われましたが、必ず物語のなかで、たとえば労働者同士のあいだに、彼らを分断する要素が潜んでいます。

『麦の穂をゆらす風』であれば、かつては独立のために共に戦った兄弟同士が、内戦で引き裂かれ、政治的に違う立場に立ってしまう、といったように必ず自分たちの内側に、その共同体の崩壊の芽がある。このような人間に対する非常に冷静な、ある意味では冷徹な眼差しがあるからこそ、現実の複雑さに負けない映画ができあがっているのではないかと思っています。

ローチ　それについては、より大きな話になりますが、いいですか？

外側から客観的に見てみると、賃金のために働く労働者階級の人々は、そもそも利益を得ることができないようになっています。それは、自分たちが労働から利益を生むためにつくり出した剰余価値を、資本階級に搾取されているからです（マルクス経済学の理論では、労働力には賃金を超える価値＝剰余価値があり、その分が資本の利潤となる）。

たとえ彼らが高い賃金を得ていたとしても、あるいは素敵な家に住んでいたとしても、彼らは搾取されています。なぜなら、彼らに支払われている賃金以上の価値を、彼らではない誰かが得ているからです。

もし私たちみんながそのことに気づいたなら、当然変革が起こるはずです。しかし、私たちの国でも、おそらくはあなたの国でもそうだと思いますが、実際は経済力をもつ人たちや、政治力をもつ議員たち、そして新聞社やテレビなどの放送を支配している人たちが、私たちの考え方そのものを決めてしまっているのです。

支配層は決して、労働者階級が一様に搾取されているなどとは言いません。彼らが提示するのは、問題があるとすればそれは移民たちのせいであるとか、怠惰な労働者たちのせいであるとか、その他さまざまな理由によるものだという考えです。

労働者階級の人々の混乱や意見の食い違いは、全般的な搾取という彼らが置かれている客観的な状況からくるものではなく、支配層によって供給され、煽《あお》られた、種類の異なるさまざまなプロパガンダによるものです。

その結果として、労働者階級の人々は、ファシズムに投票するようになります。ヒトラーを当選させたのは、労働者階級の人々でした。労働者階級がトランプを当選させたのです。トランプは搾取する者たちを明確に擁護しているにもかかわらず、です。

ですから、客観的な状況が教えてくれる一つの事実があるにもかかわらず、異なる展望や異なる意識といったいくつもの対立をつくり出す、さまざまな考えが社会に渦《うず》巻いていて分断を生んでいる。私はそう思います。

映画は社会という氷山の一角

是枝　一九六六年のテレビドラマ『キャシー・カム・ホーム』についてのインタビューのなかで、インタビュアーが「これは政治的な作品ですか?」と聞いたときに、ローチ監督は「これは社会的ではあるが、政治的ではない」という言い方をされていました。それは、「ホームレスの問題が起きている背景を、構造的に描いてはいないから、政治的ではない」という言い方でした（『キャシー・カム・ホーム』は、二人の子どもをもつ労働者階級の若い夫婦が、貧困から住居を転々とし、しだいに転落して住む場所がなくなっていくというストーリー。BBCで放送された当時、住宅難であったイギリスの社会に大きな議論を巻き起こした）。

おそらく、いまローチ監督がつくられている作品の多くは、なぜそのような事態が起きるのかということを、非常に構造的に捉えようとされていると思います。「政治的」というと日本では誤解が生じるかもしれないですが、問題を原因まで遡《さかのぼ》って描こうとされている、非常に力強い作品だという捉え方は間違っていないでしょうか。

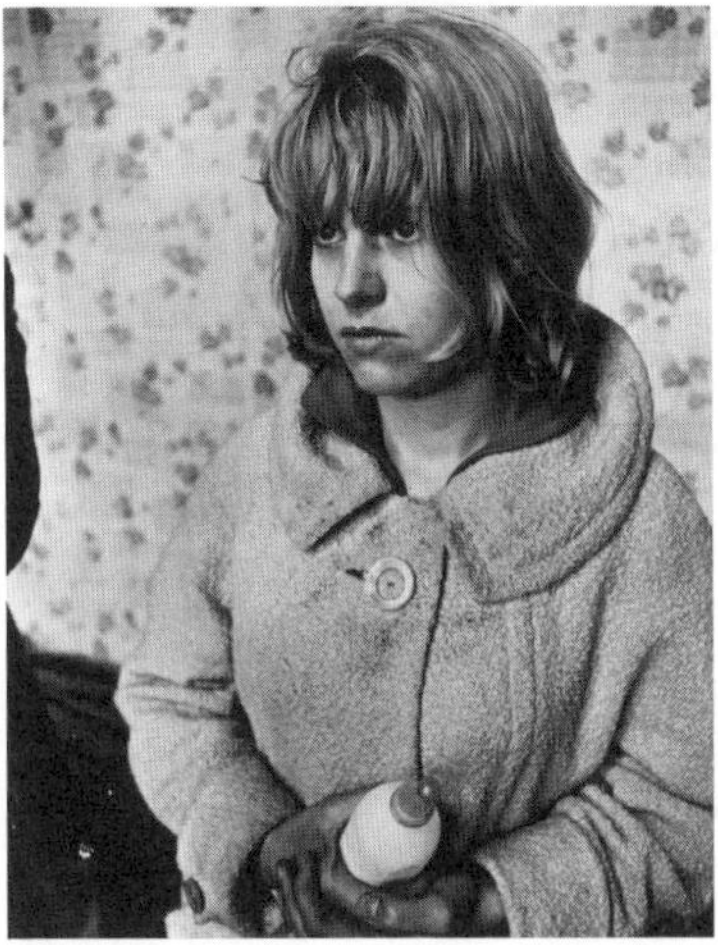
『キャシー・カム・ホーム』監督 ケン・ローチ

ローチ　私が『キャシー・カム・ホーム』について、「政治的ではない」と述べた理由は、ことばの使い方がとても難しいので、改めて説明します。なぜなら、もちろんこの作品は政治的ですし、ホームレスは政治的な問題だからです。私が言いたかったのは、『キャシー・カム・ホーム』は、所有関係に挑戦しなかったということです。つまり土地の所有者や、建物の管理者に対して挑戦しなかった。

『キャシー・カム・ホーム』では、ホームレスの悲しみは伝えていますが、どうして私たちはホームレスになるかという、ホームレスをつくり出す社会の根本的な構造には挑戦していません。問題の根っこにまで迫ろうとしていないのです。

たぶんあなたも同じ困難や、同じ疑問を共有していると思いますが、搾取について、貧困について、弱者についてのストーリーをいかに語るか、というのはほんとうに難しい問題です。

まず彼らの状況と、彼らの話、彼らの意識レベルに、絶対的に忠実に寄り添わなければなりません。なぜなら、彼らは必ずしも革命的な社会主義者ではないからです。彼らはただ自分たちの人生を生きている。ですから、彼らの理解や見解に忠実であり続ける必要があります。

そして同時に、彼らが尊厳をもって人生を生きるために解決されるべき、大きな構造的問題を暗示しなくてはならない。そこでのジレンマは、いかにして彼らの物語に忠実でありつつ、全体の背後に隠された不正、構造的な不正を暗示するか、ということです。

脚本家のポール・ラヴァティ（『カルラの歌』〔一九九六〕以降、ほぼすべてのケン・ローチ作品の脚本を担当）と私は、そのことについてよく話します。それはまるで氷山のようだ、と。つまり映画はあなたが見る氷山の一角にすぎず、水面下にあらゆる社会的不正や社会的対立の構造的基盤が存在します。そして私たちは、ストーリーのなかの人々の日常生活に忠実であり続けながら、その存在を暗示し、あるいはそれを疑問として残さなくてはなりません。ご理解いただけますか？

是枝　わかります。新作の『家族を想うとき』を拝見して、非常に驚かされるのは、いまおっしゃった通り、登場する人たちが、なぜ自分がそのような不幸な状態に置かれているのか気づいていないという点です。

彼らはただ幸せになりたい、家族と一緒に暮らしたいと思っているだけであるにもかかわらず、そのために獲得した職業が、じつは家族を内側から崩壊させる方向に向かってし

『家族を想うとき』監督 ケン・ローチ © Sixteen SWMY Limited, Why Not Productions, Les Films du Fleuve, British Broadcasting Corporation, France 2 Cinéma and The British Film Institute 2019/photo: Joss Barratt, Sixteen Films 2019

まう。

お母さんのアビー（デビー・ハニーウッド）の仕事は介護ですが、介護職が民営化されたことによって、家族と過ごす時間が減ってしまう。宅配便のドライバーであるお父さんのリッキー（クリス・ヒッチェン）は、厳密な管理のもとに行われる配達業務というものが、やはり家族を守るために就いた職業なのに、そうではない方向に向かってしまう。

そうした描写が私たちに、「どうすればいいんだろう?」「何がいけないんだろう?」ということを、サブテキスト（言外の意味）として考えさせる、見事な構造になっていると思いました。

ローチ　よくできているところがあるとしたら、その多くはポールが書いた脚本によるものです。私にとってほんとうに大切なのは、脚本家との関係です。脚本と、映画の構造、また登場人物たちは、ポールのものですよ。いつも私はそのことを言っておきたいと思っています。

そのうえで、現在起きている労働環境の変化について触れたいと思います。私たちはこの点に、長いあいだ関心をもち続けてきました。かつて労働は、一日八時間、週五日制、家族を養うことのできる適切な賃金、終身雇用が保障されていましたが、それらはすべてなくなりました。いまは多くの人々が、仕事がなくなること、つまり失業や、保障のなさに脅かされています。一週間に何時間働くのかもわかりません。賃金は増えたり減ったりします。

この映画の主人公は、まるで水道の蛇口のような仕事に従事しています。開ければ水が出て、閉めれば水が止まる。そんなふうに開けたり閉めたり調節されてしまう、不安定な労働なのです。その意味で、これは労働者の力の喪失についての映画です。そして、そのことが家族関係の破壊と、家族の貧困化というかたちで、破壊的な影響を及ぼしているということです。

それから、私たちが示したかったことはもう一つ、現在の社会的状況がサスティナブル(持続可能)ではないということです。化石燃料を使うバンによる宅配で、何でも買うことのできる生活は永遠には続きません。持続不可能です。

資本主義が労働の破壊をもたらしたのは、ある意味で必然の結果です。民間の大企業が競争に勝ち、成功を収めるには、安い労働力が必要だからです。安い労働力とは、すなわち脆弱な労働者を意味します。

いま導入されているシステム(資本主義)は、決して持続可能ではありません。バンによる民間の宅配で何でも買い続けることはできないのです。私たちではなく彼ら、つまり大企業をはじめとする支配階級は、クレイジーな世界をつくり上げようとしています。それは持続不可能で、破壊的です。環境を破壊し、人々を破壊するものです。

私たちは、このたった一つの小さな家族の物語を通して、そうした支配階級の考えを何とかして食い止めたいと望んでいます。

他人のお手本になれる人間はいない

是枝　監督の映画では、可哀そうな労働者階級がいて、搾取する悪人がいて、という単純な二項対立の構図は描かれないと述べましたが、実際、監督の映画には搾取された労働者階級が犯罪に手を染めるという描写が、繰り返し出てきますね。

たとえば『リフ・ラフ』でいうと、最後に主人公たちが、働いていた建設現場に火をつけます。『レイニング・ストーンズ』（一九九三）だと、一人娘にドレスを買ってやりたい父親のボブ（ブルース・ジョーンズ）がしでかす犯罪は、狩猟場から羊を盗んだり、保守党のクリケット場の芝生を剝がして売ったりと、ある種のユーモアをもって描かれます。最後は、いわゆる高利貸しが、直接的な殺人ではないにせよ、自動車事故で亡くなります。ただ、映画のなかでは、そのこと自体が裁かれることはありません。

それについて、この翻訳が合っているのかどうかわかりませんが……、あるインタビューのなかで監督は、「これは公正なゲームである」という言い方をされていました。そのあたりについて、もう少し説明していただきたいのですが、これらの犯罪は、たとえば「天使の分け前」（ウイスキーの原酒を熟成させる工程で蒸発して減った分のこと。ローチ監督の二〇一二年の映画のタイトルでもある）のようなものなのでしょうか？

ローチ　たぶんその訳は、私たちの意図を正確に表してはいないように思います。それはゲームではないからです。

権力者たちが不運な目に遭うと、よほど深刻なものや、身体的に危害を及ぼすものでない限り、私たちはときとしてほくそ笑むことができます。なぜなら、彼らは「公正さ」という名のもとに、これまであまりにも多くの恩恵を不当に得てきたからです。

あなたも『万引き家族』で、同じことを示したのではないでしょうか。人々は貧しいとき、何とかして生き延びる方法を探します。私たちが権力者の失敗を良しとするのは、貧困を生きる知恵のようなものなのです。

富める者たちはズルをして、税金逃れをしています。彼らは裁かれず、合法的に盗みを働いている。だから時には貧しい人たちが、それよりずっとちっぽけな犯罪を働いても、私たちはその成功を楽しむことができるのです。

是枝　僕もその通りだと思いますが、たとえば日本で『万引き家族』が公開されたとき、犯罪を擁護するのかという意見があったり、彼らの貧困は自己責任だろうという意見がネ

対談中の二人 photo: Joss Barratt, Sixteen Films 2019

ット上で飛び交ったりする状況がありました。

いまおっしゃられたように、実際に大きな不正をしている、搾取している人たちは誰なのか、というところになかなか目が向かないのです。もしかするとイギリスもそうなのかもしれませんが、日本ではとくにそうなっています。

それはいまの政府が、メディアを巻き込みながら、非常にうまく自分たちに批判が向かわないようにしていることも理由としてあるのではないかと思いますが、ローチ監督の作品にもそうした批判が起きていることは存じ上げています。それについてはどうお考えですか？

ローチ ええ、私たちもあらゆる類《たぐい》の批判を受けていますよ。「我が国の敵」だとね。なぜなら支配階級は、みずからの利益こそが国益だと思っているからです。

新聞社やテレビ局でさえ、富裕層や権力層の利益が、国益と同じものだと解釈しています。彼らはいまの経済システムが「窃盗」に基づいていることに気づいていません。つまり、支配層を裕福にするために、人々の労働力を盗んでいるのがこのシステムであるということにです。

かつて労働党は党の規約で、労働党の目標は、労働者がその労働のすべての果実を確実に得ることだと言明していました。言い換えれば、労働者は彼らのすべての貢献に対して恩恵を受けるべきだということです。

それは、共同所有、民主的管理、計画経済という、社会主義のプログラムと同一のものです。私たちが知ろうと知るまいと、みなが誰でもその貢献すべてに対して恩恵を受けるべきだと言うとき、それは革命的社会主義のプログラムのことを示しているのです。そうではないでしょうか？

そろそろ、この対談も終わりにする必要がありますね。わざわざこのためにパリからいらしてくださって、ほんとうに感謝しています。あなたにお会いできて、大変光栄でした。

是枝　最後に一言だけ、よろしいでしょうか？

二〇〇一年のアメリカ同時多発テロ事件の直後、オムニバス映画『11'09"01／セプテンバー11』（二〇〇二）の企画のとき、あなたはほかの監督たちと違って、三十年前の一九七三年九月十一日にチリで起きた、社会主義政権に対する軍事クーデターをテーマにしました。アメリカのニクソン大統領やCIAの主導によって、市民が弾圧された事件です。

また『それぞれのシネマ』（二〇〇七）というオムニバス映画（カンヌ国際映画祭六十回記念製作映画）のときには、映画館に並んでいた客が、「やっぱりサッカーにしよう」といって、映画を観ないで帰るという描写をしました。

たぶん天邪鬼《あまのじゃく》なところもあるんだと思いますが、それだけではなくて、常にそういう少数者の目線、大勢に流されない視点を、こうした短編のなかでもきちんともって描いているところにすごく共感します。

引退宣言をされていますが、これからも引き続き、僕のお手本になる作品をつくり続けていただきたいと、個人的には思っています。きょうはどうもありがとうございました。

ローチ　いいえ、私は誰のお手本にもなりたくありません（笑）。

ウィリアム・モリスという十九世紀の偉大な社会主義者がいます。彼はこう言いました。他人のお手本になれるほど立派な人間はいない、と。それは真実です。

でも、あなたがいましてくださったチリの話はとても重要です。民主主義国に対する米国の軍事介入について、私たちはつい忘れてしまう危険があります。みずから民主主義のチャンピオンをもって任じている米国が、実際には長い年月のあいだ、世界の民主主義の敵となっているのです。

私たちはどちらも、大多数の人々の声になろうと努めているのだと、私は思います。決して少数者のグループではなく、むしろ大多数です。大多数の人々とは、「持たざる者たち」です。裕福ではありませんし、映画スターでもありません。

あなたとお話しできてよかった。映画を撮り続けてください。あなたの作品はほんとうに凄いと思います。鮮烈で、美しい作品です。

是枝　頑張ります。長時間ありがとうございました。

（二〇一九年六月収録）

第三章 壊れゆく社会のなかで——イギリス・ヨーロッパ・世界

ケン・ローチ

EU離脱（ブレグジット）より大きな問題

『家族を想うとき』（二〇一九）は、不安定な職に就いている労働者たちについての作品です。彼らに固定賃金はなく、ときには良い賃金が得られますが、必ず得られるわけではありません。いつでも解雇される可能性があります。

そのような種類の仕事が増えています。一日八時間、週五日間の労働で、家族を十分に養うだけの賃金を得られるような安定した仕事は、もはやなくなりつつあります。

人々は普段、そのことについて議論をしていません。映画のなかの出来事ではなく、確実にいま起きていることであるにもかかわらずです。何百万もの人々が知っているはずなのですが、私たちはそのことについて話をしていないのです。これはとても危ういことです。

いま私は、『家族を想うとき』がヨーロッパ各国で封切られるのに合わせ、それらすべての国に行こうと考えています。イギリスでの封切りは二〇一九年の十一月初めですが、フランスでは十月、スペインとドイツも十月です。先週はスペイン、その前の週はフランスにいました。明日はドイツに行きます。それで目がまわるくらい忙しくしているというわけです。
各国では政治的に多くのことが起こっていますから、私もさまざまな政治的ディスカッションの場に引き出され、また政治的な集会に参加しています。これらは、イギリスで話題となっている「EU離脱」(ブレグジット)とは、あまり関係がありません。貧困、不平等、ホームレス、困難な労働条件などのより大きな問題は、私たちがヨーロッパ(EU)にいるか否かに関係なく世界中に存在しているからです。あるいは気候変動について懸念する人がいますが、それも大きな問題です。
EU離脱問題は、それらから注意をそらすものです。たとえばイギリスではEU離脱があらゆるニュースを占領してしまっています。こうして、ほかの重要な問題は忘れられてしまうのです。

『わたしは、ダニエル・ブレイク』と『家族を想うとき』

私が不安定な職に就いている労働者の問題を映画に取り上げようと思ったきっかけは、前作『わたしは、ダニエル・ブレイク』(二〇一六)の撮影中にありました。そのとき取材し

『わたしは、ダニエル・ブレイク』監督 ケン・ローチ © Sixteen Tyne Limited, Why Not Productions, Wild Bunch, Les Films du Fleuve, British Broadcasting Corporation, France 2 Cinéma and The British Film Institute 2016

たフードバンクのことが、ずっと心に残っていたのです。

フードバンクに来ていた人々の多くは、パートタイムやゼロ時間契約（労働時間を固定せず、雇用者が必要に応じて従業員を呼び出す契約のこと。オンコール契約とも）で働く人たちでした。

これは新しいタイプの働き方です。いわゆるギグ・エコノミー（インターネットを通じて、企業から単発または短期の仕事を受注する働き方）のひろがりとともに、パートタイムに雇用形態を切り換えられた労働者だけでなく、自営業者、あるいはエージェント・ワーカー（人材派遣会社に雇われた派遣労働者)も増えています。

非正規雇用の労働者である彼らのことは、その後も私と脚本家のポール・ラヴァティの会話に頻繁に出てきました。『わたしは、ダニエル・ブレイク』が最後の作品になるだろうと考えていたのですが、しだいにもう一本、別の映画をつくる必要があるかもしれないと思うようになりました。ですからこの映画は、『わたしは、ダニエル・ブレイク』と関係の深い映画でもあります。

主人公のリッキーは、地元の運送会社とフランチャイズ契約を結ぶ宅配ドライバーです。私はその仕事について、ポールがリサーチしてくれたあと、何人かのドライバーに直接会って取材しました。そこで驚かされたのが、彼らの仕事の不安定さと、自分たちの慎《つつ》ましい生活を維持するために働かなければならない労働時間の長さです。

彼らは名目上、独立した自営業者なので、ビジネスのなかで何らかの不具合が生じたときは、すべての責任を負わなくてはなりません。配達用のバンにも不具合は生じ得ますし、それで配送がうまくいかなければ、本部から制裁を受け、大金を失うことになってしまいます。

一方で、彼らの車は最新のテクノロジーによって管理されていて、運転席にはルートを指示したり、顧客の荷物の場所や到着時間を知らせたりする装置が備えつけられています。それによって、顧客は家にいながらにして、走っている車を追跡でき、荷物が時間通りに配達される仕組みなのです。

しかしその結果、何が起こるでしょうか。通りから通りへと忙しく走り回る宅配ドライバーに、大きなプレッシャーがのしかかることになります。技術は新しいものかもしれませんが、搾取の形態は古くからあるものと変わらないのです。

誰がツケを払わされているか

映画のなかで、リッキーは父親として、家族にマイホームを買うために死に物狂いで働きます。彼は元建設作業員で、優秀な働き手として建設会社に勤めていましたが、金融破綻の影響で住宅ローンも組めなくなり、また建設業が痛手を被って、職を失い転々とするはめに陥りました。

マンチェスター出身で、サッカーのマンチェスター・ユナイテッドのファンである彼は、人づきあいもよく魅力的な人物です。しかし彼は、宅配ドライバーとして独立することで、賃貸住宅と借金苦から抜け出すために稼ごうと決意し、へとへとになるまで懸命に働きます。一日十四時間、週六日で、二年も働けばマイホームが買える、というのが彼の計画でした。

これは雇い主である企業本部にとっては理想的とも言える、都合の良い状況です。彼のような状況にいる人々は、上司に命じられたり、こき使われたりされずとも、自ら進んでハードワークに励まなければならないからです。

私たちはこの映画で、そのことが家族に及ぼす影響を描き出そうと試みています。たとえば、親が子どもの面倒をみることができないのは、夜遅くまで働き、ときには一日中帰ることができず、ほとんど家にいられないからです。

リッキーの妻アビーは、介護福祉士として働いている母親です。夫とのあいだには、愛情と同時に友情もあります。夫を信頼し、子どもたちの良い母親になろうと努力しています。しかし彼女の問題は、子どもたちの世話をどうするかということです。

介護の仕事はエージェント会社か、民間の医療会社を通じて、地元の評議会から下請け契約されています。低賃金での契約に当局は目をつぶっていますし、パートタイムで働く人たちには、労働組合を組織することもままなりません。そのため、アビーは訪問介護に十二時間を費やしても、通常の半分くらいの対価しか受け取ることができないのです。

家にいる時間を減らして一生懸命に働かなくてはいけないので、ほとんどの時間、彼女は電話で子どもたちにあれこれ指示をしなければなりません。どんなに良い子でも子どもは子どもですから、母親が夜遅くまで帰れないことが続くと、そんなやり方ではうまくいかなくなります。

二人の子どものうち、息子のセブは十六歳で道を踏み外していきます。セブには親が気づいていない、芸術的でクリエイティブな才能があります。しかし学校をサボり、トラブルに巻き込まれるなど、少しばかり保守的な父親が期待するとおりには行動しません。その結果、父親と息子のあいだには、必然的に火花が散るような対立が生まれてしまいます。

娘のライザ・ジェーンは十二歳ですが、とても聡明な子どもです。彼女は家族みんなに幸せになってほしいと願っており、ユーモアのセンスがあって、家族の仲裁役になります。全員がバラバラになってしまいそうなとき、家族を一つにまとめようと懸命に頑張ります。

『家族を想うとき』監督 ケン・ローチ © Sixteen SWMY Limited, Why Not Productions, Les Films du Fleuve, British Broadcasting Corporation, France 2 Cinéma and The British Film Institute 2019 / photo: Joss Barratt, Sixteen Films 2019

リッキーやアビーのような人々とその家族は、経費を抑え利益を最大化しようとする、自由市場経済の苛酷な競争の代償をこうした形で払わされているのです。

理解、怒り、そして認識

もし観客が、彼らのことを思いやり、彼らとともに笑い、彼らのトラブルを自分のことと思わなかったら、この映画には何の価値もありません。この映画の準備中、ポールはこうした状況にあるたくさんの人たちに会い、私も何人かに会いました。

彼らはこう言っていました。収入が安定していないので、ときどき借金をしたり、電気料金や家賃を払う代わりに食料を買ったりする。そうして借金の額がどんどん増えていったら返済不能になり、ついには家を追い出されるだろう、と。

つまり、彼らはホームレス予備軍だということです。夜遅くまで働かなくてはならず、父親も母親も子どもたちにほとんど会えません。映画のように電話で子どもたちに「食べ物は冷蔵庫のなか。夜中までパソコンで遊んじゃダメ。ちゃんと早く寝なさい。宿題をしなさい」と伝えるだけでは十分ではないのです。それで子どもたちがちゃんとするかどうかは、誰にもわかりません。それは家族にとって、きわめて壊滅的なことだと思います。

私は観客に、まず映画のなかの人々の気持ちを理解してほしい、彼らをサポートする感覚を持ち、彼らと連帯してもらいたいのです。そうすれば、私たちは決してこのような生活をする必要はないのだ、と怒りが湧いてくるかもしれません。やがて私たちはもっと安定した生き方ができるはずだ、私たちがそれを変えることができる、と思うでしょう。

ですから、まずは理解、そして怒り、それから何かを変えることができるという認識、つまりエンパワーメント（自分や他者に力を与えること、元気づけること）の順番です。もし私たちの映画が観客の心に触れることができたなら、彼らは映画を通して経験を共有し、お互いにつながれるようになると思うのです。

自由市場の正体とは

私の父は工場で働いていました。父の生まれた家には十人の子どもがいましたが、兄弟はみな炭鉱労働者になりました。しかし父だけは炭鉱では働かずに、工作機械の工場で働きました。

彼はかなり頑張って働き、一種の下級管理職となって、機械のメンテナンスを担当しました。彼は週七日、一年五十二週のうち五十週は毎日働きました。週末の土曜と日曜は昼の一時でしたが、平日は朝六時には家を出て、夜六時に帰ってきました。

これが労働者階級の人間というものです。私の母はよく、「あたしは工場と結婚したのよ」と言っていました。当時子どもだった私は普通のことだと思っていましたが、自分が家を出てから、父の工場に対する献身ぶりに改めて気づかされました。

父は四十六年間働いて、退職しましたが、そのとき会社が払った退職金は、たったの四十六ポンドです。とても気前がいいとは言えません。いまになってみると、明らかな搾取だと思います。雇用主は、父に払った賃金以上の価値を、父の労働から得ていました。それこそが剰余価値です。

雇用主は父の労働から奪ったものを、全員に分配すべきでした。それは一緒に働く人たちや、老人や子ども、病院やその他もろもろのために使われるべきで、雇用主個人の私有財産にすべきではなかったのです。

こうした問題を抱えているのは、イギリスだけではありません。いままさに世界中で起きていることだと思います。私たちは自由市場経済の世界に住んでいます。そして、この世界は労働者階級と、彼らの労働から利益を得て、生産手段（機械・道具などの労働手段と、原材料・土地などの労働対象を指すマルクス経済学の用語）を占有しコントロールしている支配階級とに分かれています。

社会の上層にいる支配階級はみな、自由市場がいかに良いものであるかを語り、自由市場を自由そのものと等しい、とても素晴らしい理念であると主張します。しかし、私はそれに同意しません。なぜなら、自由市場ということばが意味しているのは、巨大な多国籍企業間の競争にすぎないからです。

最も商品を売ることができ、最もサービスを提供できる会社は、おそらく価格がいちばん安い会社です。ですから、会社は価格で競争しなければなりません。そのためにはどうすればいいでしょうか。会社はこう言います。

「我々は労働者の休暇手当を無くすことで、人件費をカットできる。労働者の傷病手当を無くすことで、人件費をカットできる。労働者を長期にサポートする必要性を無くすことで、人件費をカットできる……」

こうして労働者は非正規雇用になるのです。非正規雇用の労働者の多くは、仲介するエージェント会社から派遣されます。会社が彼らに一日十二時間働いてほしければ、明日は十二時間働くようにと伝え、十二時間分の賃金が支払われる。けれども、まったく必要のないときには、電話で「来なくてもいい」と言い、賃金はまったく支払われません。

会社は彼らを自営業者と呼びますが、実態は自営業者ではなく、ただそう呼ぶことによって、明確な労働時間を設定しないようにしているだけ。これが、会社が価格競争のために人件費をカットするやり方です。

ある会社がそうすれば、競合他社もそうしなければならなくなります。そうしないと、人件費が高くなりすぎて、商売にならないからです。もし私たちが自分たちの生き方を変えたければ、このような自由市場経済に異議を唱えなければなりません。さらに言えば、それは自由市場経済が私たちの世界にもたらしている環境破壊のような、ほかの大きな問題の解決にも役立つはずです。

ある種の怒りは生産的になり得る

怒りという感情に意味がないという人もいますが、私はある種の怒りは、生産的になり得ると思っています。ただし危険なのは、極右の人間によってその怒りが利用されることです。

彼らはこう言います。非難すべきは上司ではなく、金持ちでもない。自分よりも貧しい人や、肌の色が異なる人、料理の匂いが異なる人、異なる神を崇拝する人だ。そうした人間が仕事を奪い、住む家を奪っているのだ、と。

これが極右のやり方です。私たちは一九二〇年代や三〇年代に、ファシズムが引き起こしたことを知っています。そしてまさにいまトランプがやっていることを見ています。ですから、怒りが生産的・建設的でないことに使われると危険なのです。

私たちが大切にすべきは、敬意や尊厳です。敬意や尊厳とは、私たちがみな、「権利」を持っていると互いに認め合うことを言います。私たちはみな、安全な家に暮らす権利があります。私たちはみな、貧しくならない権利があります。私たちはみな、社会に貢献し、生きるために必要なものに支払うだけの収入を得る権利があります。

それらが確保されれば、私たちの子育てや仕事はずいぶん楽になるでしょう。生活において、スポーツやレジャー、音楽やアート、演劇、また映画でさえ楽しむ時間を持てるようになります。子どもたちと過ごす時間もそうです。経済的ストレスも金銭的な欠乏もない生活をおくることは、私たちの精神的健康にとってとても良いことです。

もちろん、それで家族の問題がすべて解決するわけでありません。家族はいつだってさまざまな問題を抱えています。それが人間というものです。しかし、いずれにしても敬意や尊厳にもとづく安全な環境と、安全なコミュニティが必要だというのが、私の考えです。

一方で、私たちはいまの経済システム、つまり自由市場経済、資本主義社会のなかで生きています。これはすべての人に恩恵をもたらすものではありません。大企業は利益のために、何を製造するか、どのようなサービスを提供するかを決定しており、その範囲はありとあらゆるものに及んでいます。

彼らは、もし私たちが必要であっても、利益がでないのであれば何も応じてくれません。なぜならば、彼らは利益によって動かされているからです。利益が出ないけれども価値があるものをつくるとか、私たちの孫や曾孫の世代のために環境を保全するとか、そのような考慮はしません。利益を生まなければ、投資がほかの会社に行ってしまうので、彼らはサバイバルのために、お金を儲けなければならないのです。

けれども、その金儲けによって、私たちみなが危機に晒されている。私はそう思います。まず地球を、それから人間同士のつながりを、そして私たちの家族を、彼らは破壊しているのです。

労働者階級を描く、二つの理由

私が映画のなかで労働者階級の人たちに焦点をあてる理由は、二つあります。

一つ目の理由は、彼らが最高のジョークをもっていて、面白おかしい人たちであると同時に、とてもしたたかだからです。彼らは日々、生活を守るため、生き延びるために闘っています。そして常に、災厄や人生の大きな出来事と隣り合わせです。

富裕層には、何が起きても、問題に対処するだけのお金があります。片や、労働者階級にはそれがないので、工夫をしなければなりません。ですから労働者のほうが、ずっとドラマに満ちていて興味深い。そう、私たち労働者階級は、金持ちよりもずっと面白いのです。

また、私はもし自分が何らかのトラブルに巻き込まれたら、裕福な人々が暮らすエリアよりも、労働者階級の人々のエリアにいたいと思います。なぜなら、そこでは人々がずっとお互いにサポートし合ってきたからです。彼らは寛容に助け合うという習慣がありまs。一方、富裕層には使用人たちがいるので、お互いに助け合う必要がありません。ですから、もしあなたが何かトラブルに巻き込まれたら、労働者階級のエリアに行ってください。そこには寛容な助け合いがあります。

二つ目の理由は、私はもし変革というものがあるなら、それは労働者階級から生まれてくると考えているからです。金持ちから変革は生まれません。

ある日、金持ちが「ごめんなさい、私たちはずっと間違っていました。さあ、ここにある私たちのお金をもっていってください」と言い出すことがあるでしょうか。彼らにそんな気がないことを、私たちはよく知っています。

すべての人々のために社会を再構築することができるのは、労働者階級しかありえません。だから、労働者階級はじつは最も重要な人たちなのです。

労働者階級は巨大な力を持っている

変革を起こしたい、社会に変化をもたらしたい、と思う人たちの課題となっているのは、リーダーシップ、つまり政治的な統率力です。それは西洋社会において私たちがずっと抱えてきた大きな問題だと思います。おそらくあなたがたの国でも同じでしょう。

労働者階級には大いなる力があります。労働者が生産しなければ、何も生産されません。労働者が輸送しなければ、何も輸送されないし、労働者が提供しなければ、サービスは何も提供されない。労働者階級は巨大な力をもっているのです。

彼らがシンプルに「ストップ」と言えば、すべてはストップします。彼らは機械を動かし、床を磨き、あらゆることをしています。あなたが病気になったときも、彼らが看護をしているのです。彼らには、これらをすべて停止させる力があるということです。

しかし、問題は当の労働者たちの意識であり、理解にあります。そのため「あなたは搾取されるべきではない。あなたは別のシステムのなかで働くことができるし、私たちは万人にとって公平なシステムを構築することができる」と言ってもなかなか伝わりません。

私たちの国では、二十世紀の初めにすべての成人男性に投票権が与えられ、それからややや遅れてすべての成人女性にも与えられました。にもかかわらず、いまだに多くの人々が支配階級出身の政治家に投票しています。

じつに皮肉なことです。だからこそ、労働者階級の政治的リーダーは、自分たちの強さを労働者の人たちにきちんと伝える必要があります。「あなたは上司のために投票する必要はない。あなた自身の利益や関心のために投票できるんですよ」と説明しなければならないのです。

労働者たちは自分たち自身に変革の力があることに、気づいていないのですから。

第一に市民であり、第二に映画作家である

私は歳を重ねるとともにますます、自分が第一に市民であり、第二に映画作家であると考えるようになりました。ですから、まずは市民として、自分の言うべきことを言う義務があります。一方、映画は小説のように、少しばかりあいまいでなければなりません。映画は微妙なものでなければならない。さもなければ、悪い映画になります。プロパガンダになってはいけないのです。

けれども、映画監督という立場の一人の市民としてなら、直接意見を述べることが許されます。間違いを指摘し、どのようであるべきか、そして私たちは何をなすべきか、はっきりと意見を言うことができるのです。

私が思うに、映画は闘いのごく小さな部分にしかすぎません。ほんの少しだけなら、社会に影響を与えることができるかもしれないし、あるいはできないかもしれない。それは私にはわかりません。

ただいずれにしても、いったん映画をつくったら、「オーケー、私は映画をつくったから、もう十分」などと言って、その場からさっさと立ち去るというわけにはいきません。

それでは十分ではないのです。政治的な議論に加わり、自分の声で意見を伝えなくてはいけない。

私にはそうする責任があると思っています。とくに、このような主題についての映画をつくるのなら、そこから立ち去るわけにはいかない。意見を述べねばなりません。

マーガレット・サッチャーがもたらしたもの

一九七九年にマーガレット・サッチャーが首相に就任してからの十年間は、この国の人々にとって最悪でした。彼女は労働組合を攻撃し、大量の失業者を出しました。民間企業が労働者を搾取し、さらに収益を上げられるようにしました。雇用者側により多くの利益が行くようにし、労働者側には低賃金、失業、不安定をもたらしたのです。

私は、その時代にテレビのドキュメンタリー番組を何本か製作しようと試みましたが、うまくいきませんでした。テレビ局がそれらのほとんどを放送しようとしなかったからです。そして、それからの六年間か七年間というもの、私は仕事をするのにきわめて困難をきたしました。テレビ局の人間は、私が彼らの望まない作品をつくると知っていたからで

演出中のケン・ローチ監督（1980年撮影）　©Getty Images

す。それでまったく仕事ができなくなってしまいました。ほんとうに最悪の時代でした。

この時期、私は一本の長編映画を監督しましたが、良い脚本だったにもかかわらず、私のやり方がまずかったために、悪いことをしてしまいました。劇場での演劇もやりましたが、これも上演禁止になりました。そこで私は、映画などの仕事から離れようと思ったのです。

若い頃に大学で法律を学んでいたので、改めて弁護士になろうかとも思いました。でも、五十歳になっていたので、転身するにはさすがに歳を取りすぎていたし、自分は到底良い弁護士にはなれないだろうからやめました。

コマーシャル・フィルムを製作している友人がいたので、私は彼とともに二年間、コマーシャルをつくりました。生活にかかるお金のために、そうせざるを得なかったのです。ただ、私はその仕事が得意ではありませんでした。私がつくったコマーシャルを見て、商品を買う人なんか誰もいないでしょう？

良い宣伝にならないので、仕事の依頼が少なかったのは幸いでした。その後、一九八六年、そして九〇年に映画を再びつくれるようになり、私はコマーシャルの仕事をやめることができました。私はその仕事にまるで誇りを感じられませんでしたから、それで良かったのです。

なぜ映画製作をやめたかったか

私が映画製作に戻り、いまも映画をつくり続けているのは、伝えたい物語がたくさんあるからだと思います。上映のためにどこかに行ったり、ほかの国を訪れたりすれば、毎回そこにはたくさんの物語があり、必ず誰かが話を聞かせてくれます。

私たちはつい二、三日前にスペインのサン・セバスチャン映画祭に参加しましたが、そこではスペインの介護福祉士たちがストライキをしていました。高齢者施設で介護をしている女性たちです。彼女たちが置かれている状況は、イギリスの同じような立場の女性たちとそっくりでした。

雇用状態はひどく、十分な介護ができないほど時間に追われていて、しかも賃金はとても低い。私は彼女たちに会って話をしてきましたが、とても魅力的な人たちです。みながそれぞれの状況、それぞれの家族の物語をもっています。ですから、映画づくりをやめるのは難しいのです。

私たちには好奇心があります。脚本家のポール・ラヴァティも、プロデューサーのレベッカ・オブライエンも同様で、私たちはチームで仕事をしています。とくにポールとはほぼ毎日のように、テキストや電子メールをお互いに送りあっています。彼はスコットランドに住んでいるのです。家族の噂話からサッカーの勝敗まで、いろいろなメッセージをやりとりします。そしてそのなかから、ストーリーのアイデアが生まれてくる。

私たちには好奇心がありますから、常にいま何が起きているのかを知りたいと思っています。人々は生活のなかで、いくつもの困難に直面しており、どうやって生き延びていくかともがいています。そこには伝えたい物語が、ほんとうにたくさんあります。

先ほど述べたように、映画に社会を変革するほどの力はないかもしれません。でも映画は問いを立てることができます。映画の種類にもよりますが、たとえばドキュメンタリーを製作するのであれば、伝えたいいくつかの考えを明確かつ具体的なやり方で、全面的に展開することができます。

私たちの場合は、主にフィクションをつくっています。なぜなら最終的には、そのほうがより深遠なものになり得ると考えているからです。ただし、フィクションでは伝えたい考えが明示的ではなく、暗示的なものになるので、観客が自らそれらを見つけ出さなくてはなりません。

映画のなかにわかりやすく表現されていればいいのですが、登場人物がそれらを直接的にことばにして口にすることはまずありません。スクリーンに示されるのは、一連の人間関係や、家族の状況、奮闘だけです。登場人物やストーリーから、そこに含意されているものを観客につかみとってほしいと思います。

ドキュメンタリーなら、「これは資本主義についての映画である」と言うことができます。「これは搾取についての映画である。もし人々が団結すれば、世界を変えることができるだろう」と。

ところが私たちの映画は、そのように直接的には言いません。フィクションでそのようにしてしまうと、きわめて平面的になり、ただのプロパガンダになってしまうからです。

政治を避けることはできない

最終的に、政治は不可避だと私は思います。そうでなければ、あなたは、貧しい者は常に貧しく、富める者は常に富む、という社会で生きたいと思っていることになります。私はそんな社会に生きたくありません。

支配階級は、貧しい人たちについての映像がとりわけ好きです。なぜならチャリティーのきっかけになるからです。彼らは慈善活動にお金を寄付します。お金を寄付することによって、彼らは既存のシステムを変えないことを支持しています。貧しい人を助けるにはお金を、子どもたちを助けるにはプレゼントをあげればよいだけだ、と。

一方、左派の立場は、いまのシステムを変えなくてはならない、さもなければ、この状況は永久に変わらない、というものです。ですから、最終的に政治を避けることはできないのです。

『わたしは、ダニエル・ブレイク』では、主人公が官僚的な社会保障制度の壁にぶつかり、受給すべき援助を受けられないまま最後には死んでしまいます。この映画はヨーロッパ全土とイギリスだけでおそらく百回以上は上映されていますが、そのたびに映画を見た人たちが、自分自身の物語を話してくれます。

「彼は私かもしれない」「あのホームレスの女性は私かもしれない」「子どもに食べ物をあげると、自分の食べる分がない」。あるいは「国が官僚的で、自分が死ぬほど必要としていて、しかもその権利があるはずのお金の受給ができない」。どこへ行っても、人々はこのような話をしてくれました。

彼らは団結し、私たちの国でいえば労働党にあたる左派政党を支持しようとしていました。労働党は、これらの改革を進めようとしている政党です。そのような形で団結することができれば、人々は孤独ではなくなります。

たとえばホームレスをなくすためのキャンペーン、移民たちのサポート、貧困層の教育や食事の支援、高齢者のサポート、若者にスポーツや音楽、アートに触れる機会を与えるための活動など、さまざまな種類の運動があります。何千人もの人たちが、このような闘いをしているのです。

映画をつくる私たちのように、彼らに会って、話を聞いてみるのもいいでしょう。社会に対して希望をなくし、無力感や諦めに陥らないようにするには、孤立しないことが重要です。孤立してしまえば諦めたくもなりますが、団結して社会を変革するための運動に関わることができれば、人々はそこから強い力を得ることができます。

映画づくりで最も重要なのは脚本家

私が富裕層の人たちについての映画をつくることができなかったのは、彼らにどうしても共感できなかったからです。映画に取り上げるのであれば、その人たちに共感し、理解し、温かい感覚をもつ必要があります。映画を通して彼らが自分自身を表現できるようにしなければならないからです。

そのためには、確かなテクニックも必要とされます。たとえば、いまこの部屋で映画の場面の撮影をするとしたら、私は照明を用いません。そして部屋の角にカメラを置き、人物同士のつながりと空間を、共感をもった観察者の視点で切り取るでしょう。それがテクニックです。光について、またカメラについて、それから音について知っておかなければなりません。音が本物らしく聞こえるように。

映画に取り上げる人たちが自信をもって、ありのままの姿をさらけ出せるようにするのです。彼らが心を開き、自らの弱さを包み隠さず見せれば、観客は彼らのことを好ましく感じるはずです。でも、もし彼らが心を閉ざして、自分を隠してしまったら、彼らのことを好きになれないのではないでしょうか。だから人物を撮影するにはテクニックが必要です。私はその方法を見つけよう、学ぼうと努力してきました。

ただし、私が思うに、映画づくりのプロセス全体のなかで、最も重要なのは脚本家です。監督ではなく、脚本家なのです。なぜなら、もし書かれた脚本のなかに真実があれば、真実の映画をつくることができるからです。

もし脚本に真実がなければ、どんなにあなたが良い監督だったとしても、映画に真実はないでしょう。ですから、最初に脚本ありきで、スクリーンに映し出す登場人物を見つけること、それから物語の表現方法を見つけること、という順番なのです。

私はいつも素晴らしい脚本家たちとともに仕事をしてきました。とくにポールとは、現在まで二十五年以上一緒に、いま述べたようなことに取り組んできました。私たちは登場人物について、映画のポイントについて、徹底的に話し合います。それらが撮るに値《あたい》するかどうかを検証し、その根拠をあえて打ち砕こうとするのです。それでも耐えることができれば、おそらく撮る価値があるだろうということです。

リサーチのほとんどはポールが担当しますが、人に会って取材するときは一緒です。非常に多くの人に会うキャスティングのときでさえ、ポールもそこにときどき参加します。物語の真実のため、また私たちが見つけた人々の真実のためです。これが映画づくりのプロセスです。

私たちの世界が永久に変わってしまう

次の作品が撮れるかどうかは、まだわかりません。もう少し様子を見る必要があります。映画について話すことは簡単ですが、実際につくるのは大変なハードワークですから。ただ、伝えたいことはたくさんあります。足りないということはありません。

映画をつくることができるのは、栄誉あることです。誰がやめたいと思うでしょうか。映画をつくることができる私たちは、とても恵まれているのです。

いま述べたように、つくりたい映画はまだまだたくさんあります。ポールには大変豊かな才能と関心とエネルギーがありますし、レベッカもそうです。ただ、私は歳を取っているので、わかりません。できればもう一本、映画をつくれたら素敵ですが、それができるかどうかはわかりません。

あらゆるストーリーは、人々の生活や、さまざまなコミュニティのなかにあります。誰でもロンドンは知っていますが、それ以外の町や都市のことはあまり知られていません。そこには知られざる人々の、知られざる物語があります。

それに私には、変革の可能性についての信念、つまり、いま変革が必要だという信念があります。たったこの何十年で、世界が、そして地球が破壊されていることに、私たちは気づきはじめました。

私が若かった頃は、もし私たちがこの闘いに敗れても、また別の闘いがあって、いつかきっと勝利できるだろうという感覚がありました。しかしいまは、もし私たちが次の闘いに敗れたら、私たちの知っている世界は永久に変わってしまうだろうという感覚をもっています。それは人類に途轍《とてつ》もない苦難をもたらすでしょう。

ですから、この問題に対して、緊急に取り組むことが求められていると、私は思います。労働組合、政治的闘争、先に述べたようなさまざまなキャンペーンやチャリティーなど、そのように異なる分野のさまざまな問題解決に、いまも多くの人々が取り組んでいます。私はそれらにぜひとも貢献したいのです。

私たちには多様性が必要である

今回、是枝さんと対談できたことは、とても良かったと思います。彼は繊細かつ感受性豊かで、興味深い映画作家だと感じました。『万引き家族』に描かれたような人たちについて、心から心配していました。それはほんとうに素晴らしいことです。

私たちは、人々の日常生活に対する関心や懸念を共有しているのだと思います。私も日々の生活のなかで起きるドラマや、人々が直面する困難や苦難、また彼らがそれに対処する意外性に満ちたやり方を、常に興味深く思いながら見ています。

そして、私たちのいまの社会が支配階級と労働者階級との階級区分の上にできあがってしまっているという認識を、どちらも根底にもっている。これは私たちの社会の核心であり、真実だと思います。そのことさえわかれば、社会がどのように動いているかがわかります。

異なる言語での会話は、時として難しさを伴いますが、それでも私たちは、社会の分断や、現在進行している労働者の問題についての意見を交換することができました。いま、私たちは商業的なアメリカ映画ではない、力強い映画を必要としています。映画はハリウッドだけのものではありません。さまざまな考え、才能、異なるヴィジョンをもった、あらゆる人々のものです。映画にとって危険なのは、それが一枚岩になることです。

私たちの国の場合、危険だと感じるのは、アメリカ英語のアクセントが普通になることです。日本で何が危険に感じられるかは私にはわかりませんが、私たちには多様性が必要なのです。

ですから是枝さんの映画は、この国をはじめ、ほかのあらゆる都市や町で上映されなければなりません。日本映画だけでなく、中国映画も、アフリカ映画も、南米の映画も、ヨーロッパ映画も、あらゆる場所のあらゆる映画を私たちは見る必要があるのです。

残念ながら現実はそうなっていません。私たちの国では、ほとんどアメリカ映画しか見られていない。それはよくないことです。映画は図書館のように幅広く、ヴァラエティに富んでいるべきです。図書館に行けば、あらゆる異なる主題、異なる文体の書物を読むことができます。フィクションもノンフィクションも、現実的な物語も想像力に富んだ物語も、探偵小説もホラーもSFも、私たちはそれらすべてを必要としています。映画もそうあるべきなのです。

日本のみなさん、私の望みはただ、開かれた心をもっている多くの人たちに、私の新しい映画(『家族を想うとき』)を見てほしいということです。もしあなたが映画のなかの人々の状況を理解し、あるいはそれがあなた自身の状況と重なるとしたら、どうか強くあってください。このような状態に我慢する必要はありません。私たちは自らの仕事の囚人になる必要はないのです。

「私たちはパンも欲しいが、薔薇《ばら》も欲しい」という昔のスローガンを思い出しましょう。私たちは生活必需品も欲しいけれど、生活を良くしてくれるものも欲しい。私たちがそれらを得るには、労働組合に参加し、政治的な運動に関わるなど、ほかの人たちと一緒に取り組む必要があります。そうすれば、あなたはいまの状況を変えることができます。みなさんが映画を見にきて、そんな思いを持ち帰ってくださることを願っています。

（二〇一九年九月収録）

第四章 「悪い時」を乗り越えるために

ケン・ローチ

私たちが抱えている真の問題

いま、人々にとってほんとうに悪い時が続いています。

高齢者である妻と私は、新型コロナウイルスに対する弱者のグループに属していますから、この三か月間、ずっと家から出られていません。じつに大変で、厭なことです。このまま続けば、とても消耗させられるでしょう。

けれども私たちが抱えている真の問題は、政府が無能であることからきています。これまでの対応は遅いし、適切な設備も整えられていません。それどころか、政府の指示は非常な混乱をもたらしてきました。不十分な検査体制によって、死ななくてもよい人たちが大勢亡くなっています。

私たちの国イギリスの死亡者数は、現在六万人(二〇二〇年六月時点)と言われています。ここにはウイルスに感染していない人も含まれています。医療サービスがウイルス対応に気を取られてしまい、ガンなどほかの疾患に対応できていないからです。全体の死亡者数は誰にもわからないでしょうが、きわめて多いはずです。

私たちの国は、いまヨーロッパで最も死亡者数が多いと言われていますが、多くの国々

新型コロナウイルス感染症のパンデミックのために、ロックダウン中のロンドン（2020年3月29日） ABACA PRESS／時事通信フォト

がその対応に失敗しています。米国、ブラジル、そして私たちの国――。自由市場を支持する政治指導者が支配している国々です。

トランプ、ボルソナーロ、ジョンソンといった指導者は、「計画」を立てることができません。いえ、「計画」を立てようとさえ考えませんでした。私たちは大きな問題を抱えており、いまこそ「計画」が必要なのにもかかわらず、彼らはそのことについて何も考えなかったのです。公《おおやけ》に、彼らは「その必要はない」と言っていました。「市場に任せよ、市場が解決するだろう」と。

もちろん、市場には何も解決できません。

ですから、公共の利益のための「計画」を立てることができない政治を前にして、あなたはただ座して経済が回復してくれるのを待つことしかできないのです。しかし、経済は自然に回復などしてくれません。だからこそ「計画」が必要なのです。さて、日本ではどうでしょうか。

貧困層と政治的カタストロフ

巨大な災厄《カタストロフ》が、世界中に打撃を与えていますが、必然的に最も苦しんでいるのは貧しい人たちです。彼らは最も弱く、最も守られていません。

病気はいつも貧困層のあいだで速く広がります。過密な住環境で生活していて、裕福な上位中産階級(アッパー・ミドル・クラス)のように守られていないからです。特に高齢者はきわめて悪い影響を蒙《こうむ》っています。

高齢者の多くは介護施設で暮らしています。そこでは、介護福祉士たちがとても安い賃金で、十分な保障もなく働いており、防護のための装備もありません。彼らは施設から施設へと移動するので、当然ウイルスを一緒に運ぶことになります。もしいったん高齢者が感染すれば、彼らはほんとうにあっという間に死んでしまうでしょう。

貧困層の問題はその住環境であり、しかもお金がないために仕事に出かけなければならないということです。彼らは、あらゆるレベルにおいて富裕層より無防備で脆弱です。つまり、公平ではないのです。その線引きは、ウイルスではなく、社会によってなされています。

私は幸運にも、家にいることができています。私たちが食事を注文できるのは、幸運にも経済力に恵まれているからです。けれども、もし貧しければ、それはできません。

先に述べたように、感染は介護福祉士たちのあいだで多く見られます。またバスの運転士たちも、多くの乗客が乗り降りするなかで働いており、感染した運転士の多くが亡くなっています。低賃金で無防備な仕事をしている人々が、その無防備な仕事のなかでウイルスに感染しているかもしれない人たちと毎日向き合っているのに防護手段を持っていないのです。

このように防護手段がしかるべきところに提供されていないことは、私たちの国における恥ずべきことの一つです。政府はこうなることがわかっていたのに、装備が必要になると気づいていたのに、何もできなかった。これは途方もなく大きな失敗です。

この失敗によって、何万もの人たちが亡くなりました。薬の開発や感染症対策に取り組む専門家たちは、みな口を揃えて政治的なカタストロフであると言っています。「カタストロフ」(災厄、破滅)ということばを使っているのです。

もちろん、政府も今回のような経験をしたことはありませんでした。そのなかである程度の対応をしたつもりなのかもしれませんが、不十分です。もしあらゆる物や事業が社会的に共同所有されていたら、私たちはきちんとした「計画」を立てることができたでしょう。それに基づいて、みなが集団で対応できたはずです。

現実には、労働者はある程度の補償を受けたものの十分ではなく、人々は失業に直面しています。おそらくさらに大量の失業者が出るでしょう。賃金は一時的に維持できたとしても、すぐに失業へと転落です。なぜなら、経済が計画されていないからです。

計画経済であれば、私たちは全員に仕事を分けることができ、みな生活を保障されます。しかし市場にはそれができません。だから、ある人たちは苛酷に働き続け、またある人たちは解雇されるのです。

人々は不平等な世界から目覚めつつある

二〇一九年秋に公開された『家族を想うとき』は、日本でも『わたしは、ダニエル・ブレイク』(二〇一六)のときのおよそ二倍の映画館で上映されました。大変多くの観客に見てもらえたようで、とても嬉しく思います。

しかし、その理由はおそらく、雇用保障もなく、長時間、低賃金で働かなくてはならず、子どもたちと過ごす時間もないという過酷な労働環境が、いま世界中を覆ってしまっているからではないかと思います。

すでに述べたように、この映画のストーリーはとても単純です。ですが、当然のことながら大企業は、このようなストーリーが語られることをよしとはしません。なぜなら彼らがどのように人々を雇用し、搾取しているかが映し出されているからです。

一晩で解雇することができて、最低限のコストで最大限の成果が得られる雇用の仕方は、大企業には都合が良いけれど、労働者にとってはおぞましく酷《ひど》いものです。それは家族の生活を、子どもたちとの関係を破壊します。

つい昨日のことですが、この映画の脚本を書いたポール・ラヴァティ——彼はほんとうに素晴らしい脚本家です——から、メールがありました。この映画に出てくるようなドライバーの一人と話をしたのだそうです。

このドライバーは、朝の八時に仕事を始め、夜の十時まで、休憩なしに十四時間働いて、二百三十個の荷物を配達していました。その人が言うには、朝八時より前に出勤することもあれば、帰るのが夜十時以降になることもある。朝早くにアラームとともに目を覚まし、深夜に帰宅し、朝六時には出かけなければならない。食事する時間はなく、子どもたちに会う時間もないので消耗しきっている、と。これが週に六日、もしくは七日間続くのです。耐えがたいことです。

しかし、私たちは多かれ少なかれ同じような経験を共有していると思うのです。たとえば最近公開された二本の映画——『パラサイト 半地下の家族』(ポン・ジュノ監督、二〇一九)と『ジョーカー』(トッド・フィリップス監督、同)は、どちらも傑作だと思います。

これらのきわめて独創的な映画が多くの人に受け入れられているということは、人々が甚《はなは》だしい不平等、途方もない不公平の世界から目覚めようとしていることを示しています。不平等は、いまの経済システム(資本主義)の進展とともに拡大しています。不平等はこのシステムに内在しているのです。

もしこのまま自由市場、資本主義経済を推し進めるなら、不平等はますます大きくなるでしょう。不平等を生み出すシステム自体を変えないかぎり、不平等をなくすことはできません。これが二本の映画が発している、きわめて重要なメッセージだと、私は思います。

さらに理解すべきは、このシステムは悪人が悪意をもって動かしているのではなく、普通の人たちが動かしているということです。だからこそ、私たち自身がこのシステムに対処しなくてはなりません。

最近の映画についての記憶力があまりよくないので、いまはこれ以上付け加えることができないことを許してください。ただ、どちらの映画も、いくつかの強力なアイデアとストーリーでもって、大変うまくつくられています。私は『パラサイト』の監督にはお会いしましたが、とりわけ彼がもつ情熱に感銘を受けました。

「思考の革命」を起こすために

私たちに必要なのは、「思考の革命」です。かつては「階級意識」というものがありました。それが、政治的左派が労働者たちに雇用者とは異なる利益があると理解させる上で、重要な役割を担っていたのです。政治家は、「我々はみな同じ問題を共有している」と言いたがりますが、それは違います。

政治家は大企業の利益を代表しており、大企業こそが不平等をつくり出しています。大企業は利潤を得るために、労働者を搾取しなければなりません。だから利潤がより大きくなればなるほど、労働者の搾取もより大きくなります。それが自由市場のもたらす結果です。ですから、もし不平等を終わらせようと望むなら、この搾取を終わらせたいと思うのなら、私たちは市場に基づくのではない、別の異なる経済システムを持たなくてはなりません。

先ほど触れたような映画によって人々が不平等の意識に目覚め、間違っていると気づくのは重要なことです。しかし、さらに次のステップが必要なのではないでしょうか。なぜそれが間違っているのか、何が原因で間違っているのか、と考えを進めていく必要があります。

このプロセスは病気に似ているのではないでしょうか。私たちは病気になったら、医者にかかります。医者がその病気を治すために、正しい薬を処方するかしないかで、患者は具合がよくなったり、悪くなったりします。

人々は不平等が間違っていると気づきました。であれば、次のステップは「なぜこれほどの巨大な富と、これほどの絶望的な貧困が存在するのか？」という問いとともに始まります。ここが、私たちが政治的リーダーシップを必要とするところです。不平等が搾取を基本とする経済システムから来ているのだと、しっかりと示す必要があるからです。

金融と経済活動を牛耳る人たちは、労働者を安く買い叩《たた》くことで利益を得ています。一方で、労働者は労働の見返りに良い賃金、安全な仕事、そしてよりよい生活を送るための社会的基盤を求めます。雇用者の利益と、労働者階級の要求が対立するのは当然です。自由市場、資本主義のシステムそれ自体が、二つの階級のあいだに闘争をつくり出し、巨大な不平等を生んでいるのですから。

新型コロナウイルスの先にあるもの

あらゆる問題は政治的変革に帰結します。すべての人々が経済的に利益を得られるようにするには共同所有、民主的管理、計画経済に立ち戻ることになるからです。

さらに、私たちはいま新型コロナウイルスの問題に直面していますが、その背後に気候変動という巨大な問題があることを忘れてはいけません。医療とウイルスの問題は、たぶんここ一年くらいでなんとかコントロールできるのではないかと期待しています。でも気候変動はもっと大きな問題です。

私たちが気候変動を制御するには、生産する物や、生産する方法、生産する場所に関する計画が必要です。化石燃料や世界中の資源の使用をコントロールしなければなりません。そうすれば、富める者だけが安全で、貧しい者だけが苦しむということはなくなり、みなが安全を享受できるようになります。

ウイルスも気候変動も、その解決策や対応策が、私たちで自己管理できるものでなくてはならない、という点では同じです。しかし、それは自由市場経済のなかではできないのです。自由市場、もしくは本来の名前で呼ぶなら「資本主義」から恩恵を受けている者たちは、現状のシステムに代わるものはないと言うでしょう。

私たちの務めは、彼らが誤っていると示すことです。私たちは自由市場経済から脱却しなければなりません。共同所有・集団所有による計画された生産と流通に基づいた経済に、移行しなければならないのです。

私たちの経済は持続可能なもの、公平なものに基づいて決定されなくてはなりません。私たちにはまず安全に生きることが必要です。そのためには、いかに世界の資源を使用するか、いかに公正な取引をするか、いかに会社を組織し、商品を生産しサービスを提供するかをきちんと計画する必要があります。

会社は協同組合となり、あるいは地域や州のコミュニティによる集団所有となるでしょう。そうすれば、会社は少数の個人のためではなく、すべての人々に対する全体の利益のために活動することになります。

資本主義、新自由主義では対処できない

イギリスの首相のボリス・ジョンソンはオポチュニスト(日和見主義者)です。彼のイデオロギーはマーガレット・サッチャーと同じで、ただ大衆に受ける別の言い方をしているだけ。自由市場のイデオロギーの持ち主であることは、サッチャーと変わりません。

だから彼は、欧州連合(EU)から離脱したがっています。欧州連合も自由市場の組織ではありますが、少しはコントロールされています。ところがジョンソンは、食品の安全基準がより低く、労働組合や労働の基準がより低く、より多くの利益が得られることから、アメリカとの直接の貿易を望んでいます。

ですから、イデオロギー的には、彼はサッチャーと同じです。ただ人々が聞きたがるような、耳障りのいいことばを使っているだけなのです。

ずっと言い続けていることですが、これは経済システムの問題です。現在のシステムは巨大な搾取に基づいています。しかし、このシステムを永遠に続けていくことはできません。なぜなら、労働者階級が搾取されればされるほど、労働者階級が買うことのできる物やサービスは少なくなってしまうからです。

一方で、大企業は利潤を生みだすために、よりたくさんの物やサービスを供給しなければなりません。利潤のために労働者の賃金をどんどん下げて、搾取する。そうすると、いったい誰がこれらの物を買い、サービスを利用するのでしょうか。このシステムが最終的に破綻するのは明らかです。

バランスが必要なのではないでしょうか。このような矛盾に基づくのではない、別のシステムが。新自由主義(ネオリベラリズム)では、これからやってくる気候変動による災害にも対処できません。なぜなら、人々が自ら「計画」を立てることができないからです。新自由主義のもとでは私たちは生産手段を所有できないので、所有していないものに関する「計画」を立てられるはずがないのです。

もし私たちが気候変動やウイルスに対処するならば、何らかの「計画」が必要です。そして「計画」を立てるためには、私たちが生産手段を所有する必要があります。けれども、どのようにして、それを成し遂げるのか。これが問題です。

ご存じのように、古いスローガンはこう言っています。「万国の労働者よ、団結せよ！ 鉄鎖のほかに失う物は何もない」。恐るべきことに、今日、このことばがかつて以上に真実となっています。

インターナショナルである必要性

労働者の団結は、一国だけではできません。かつてソ連のスターリンは、一国による社会主義を建設しようと試みて、もちろん失敗しました。それどころか、恐ろしい圧政が行われたのです。

望むと望まざるとにかかわらず、私たちはインターナショナル(国際的)でなければなりません。私たちはサッカーやその他のスポーツにおいて、ナショナリズムを維持しています。ですが、労働や経済、政治に関しては、インターナショナルでなければならないのです。

まずはきわめて実際的な手段、実際的な要求からはじめるべきでしょう。それは私たちが話してきた映画(『家族を想うとき』)が明らかにしたような要求です。すなわち、労働組合の権利や一日八時間の労働、良い賃金に休暇手当、傷病手当、雇用保障などを要求すること。それらからはじめるのです。

公共のサービスもそうです。たとえば私たちの医療サービスは、民営ではなく、国や地方のコミュニティによってなされなければなりません。交通機関も大規模な産業も共同所有にします。私たちは国有化が効率的なだけでなく、公平であり、より良い社会をつくるものだと徐々に再発見していくべきなのです。

そうすれば、すべての労働者が良い仕事と良い賃金を得て、搾取されずに休暇を取り、病気のときにはケアを受けることができるでしょう。夜には子どもたちと一緒に過ごすことができ、尊厳ある生活の価値を大切に感じながら生きられるようになります。

いまの生活は、籠《かご》のなかで回し車に乗せられているハムスターのようです。常に走り続けていますが、どこにも行くことができません。私たちはもっと良い生活ができるはずです。

とにかく、いま述べたことからはじめましょう。それがうまくいけば、私たちはさらに前進することができます。ただし、そのためには政治的リーダーシップが必要です。さもなければ実現できません。

新型コロナウイルスは炭鉱のカナリアか

私が未来に対して楽観的かどうかはわかりませんが、そうあらねばならないと思っています。なぜなら、我々の子どもたち、私の場合なら孫たちの未来についての話だからです。

これから気候変動による災害が起こるとして、五十年後、百年後の世界がどうなっているか心配です。五十年後に私の孫たちは、祖父母の代になっているでしょう。もし予測が正しければ、彼らが生きているあいだに、世界の大部分は居住不能になります。

遠い未来の話ではなく、すぐ間近に迫っていることなのです。ですから、今回のコロナ禍がむしろ、私たちが共に行動を起こすべきだと考えさせてくれる契機となることを願っています。

かつて炭鉱労働者は、石炭から発生するガスが、彼らに死をもたらすことを恐れていました。そこで彼らは坑道にカナリアを連れて行ったのです。カナリアが啼《な》かなくなるとき、それはガスの存在を意味していたので、彼らは避難しました。カナリアは、危険を警告するものだったわけです。

もしかすると、このウイルスは、来るべきより大きな危険への警告かもしれません。もし私たちが共に計画し、共に問題解決に取り組むべきだという教訓を得ることができれば、来るべきより大きな危険にも立ち向かうことができるでしょう。

しかし、人々がお互いに敵対することになり、極右が台頭すれば最悪の結果となるかもしれません。すでにトランプがいて、ボルソナーロがいて、ジョンソンも極右に近い。イスラエルのネタニヤフはトランプの大の友人ですし、東欧諸国では極右政権が移民や文化的背景の異なる人々、宗教の異なる人々に対して敵意を露《あら》わにしています。彼らはいつも敵を見つけ、スケープゴートにしようとしている。これはじつに危険なことです。

いつの時代も自分勝手な人間はいる

みなさんもご存じのように、私たちはいま文字通りバラバラに切り離された状態に置かれています。人々が距離を取って生活することが、ウイルスを倒すための唯一の方法だからです。

ですが、いま人々は恐れを感じているのではないでしょうか。恐れを感じるとき、私たちはお互いに敵対します。また不安な生活のなかで、一部の人たちが「かまうもんか」と言っているのを私たちは見ています。それは起こるべくして起きていることです。とても悲しいことですが、自分勝手な人たちはいつだっているのです。

人々は計画を有効でないと感じたとき、恐怖感を抱きます。そしてお互いに敵対する。ですが、もし私たちに解決に向けた有効な計画があるとわかれば、どうでしょうか。信頼が生まれ、お互いに助け合うことができるでしょう。圧倒的多数の人々が計画の有効性を信じれば、そのムードが自分勝手な一部の人たちを抑え込むことができる。そう思いませんか？　もし社会全体が、計画が信頼できるものであるなら、私たちはみな、おのずとルールを守るようになるのです。

日本ではどうなのかわかりませんが、私はこの間に人々が良き隣人となり、お互いをケアし合う様子も見てきました。これまでであれば、忙しくてお互いに話すこともなくただすれ違うだけの人たちが、いまは時間ができて話すようになり、お互いを気にかけるようになりました。「何か必要なものはないですか？　お手伝いしましょうか？」と。それは素晴らしいことです。

このように、社会のなかにとても良いものを見つけることもできます。いつも以上に隣人同士の連帯や、友人同士の助け合い、家族のつながりがあります。私にはすでに成人した子どもたちがいるのですが、これまでにはなかったほど、毎日家族みんなが話をしています。人々が切り離されているなかで、とても素敵なことも起こっているのです。

家族が危険に晒されるとき

私たちは危険に晒されると、家族に大きな価値を見出すようになります。今回のパンデミックはまさにそうしたケースであり、日本でもきっと同じことが起きているだろうと確信します。

家族とは、お互いへの思いやりや、何を大切にするかといった人間関係のあらゆることを学ぶ場所です。だからこそ、人々は自らが脅かされると、怯え、それぞれの家族を大切にする。そして他者の価値を認め、他人の家族の価値も認めるようになります。みながいま、それを経験しているのではないでしょうか。危険の感覚は、家族をより近づけるのです。

戦争や貧困、いまならば新型コロナウイルスによる苦難や危険の時期に、家族が最初にすることは、お互いのサポートです。地域のコミュニティでも、グループで老人や弱者のケアをしようとします。大きな必要が生じると、隣人はお互いに助け合うのです。

もっとも、『わたしは、ダニエル・ブレイク』の主人公ダニエル・ブレイクと、彼の友達ケイティの場合は、貧困から生き延びるべく助け合う彼らを打ちのめす決定が、国家に

『家族を想うとき』監督 ケン・ローチ　© Sixteen SWMY Limited, Why Not Productions, Les Films du Fleuve, British Broadcasting Corporation, France 2 Cinéma and The British Film Institute 2019/photo: Joss Barratt, Sixteen Films 2019

より下されました。それでケイティは売春を余儀なくされ、ダニエルは早すぎる死を迎えます。

貧困と苦難は、家族の関係にも大きなプレッシャーを与えます。私たちは『家族を想うとき』で、そのことを描こうと試みました。両親には長時間・低賃金で労働するという選択肢しかありません。そうなれば、彼らは子どもたちの面倒をほとんど見られないし、もし彼らが働かなければ、借金にまみれ、住む家さえ失う可能性がある。またしてもこれは、自由市場が安価な労働力を追い求めた結果、労働者階級の家庭に何ら利益をもたらさないという、一つの例です。

私たちに何ができるのか

では、このような状況に対して、私たち個人には何ができるでしょうか。私たちは一人では無力です。ですが、労働組合や政治団体、または何らかのグループやキャンペーン活動の形であれば、影響力をもつことができます。つまり個人としては無力でも、一つの集団として、私たちは世界を変えることができると思うのです。

誰かがコミュニティで活動を始め、それが職場へと広まり、労働組合となって、労働組合が政治活動へとつながり、みなが団結する。個人から集団への橋渡しは、このようなプロセスで行われます。

ですから、まず個人が問題に気づき、声を上げ、ともに考えようとすることが重要です。それは誰にでも、あなたにもできることです。あなたには、不平等は間違っているという前提と、どうすればいいのかという問いがあるはずです。しかし、ボリス・ジョンソンにそんな問いはありません。トランプにももちろんありません。

どのようにして私たちの安全を守るか、あるいは私たちはどんな強さを持てるか、というのも正しい問いです。適切に質問し、説明を求めることで私たちはこれらの問いを解決していくことができます。

個人間の平等、機会の均等、また権利の平等といった正義の価値観を大切にすること。つまり、私たちは人権を大切に扱い、あらゆる人にそれがあるのだと主張しなくてはなりません。そしてその原則は、国際社会においても、国と国のあいだで大切にされねばならない。明白なことではないでしょうか。

世界にあふれる、偽りのことば

いま災害が次から次へと起こり、カタストロフはグローバルになっています。大量に旅行が行われるようになる以前、カタストロフは一国のなかで起きていました。しかし現在、カタストロフはきわめて速やかに、世界全体、地球全体を覆っていきます。

この状況のなかで、私は人々が希望を見出すことが重要だと思います。何が希望をもたらすことができるのか？　何が偽りの希望で、何が本物の変化を生み出しうるのか？　私たちの希望の源泉は何なのか？　私たちは何を信頼することができるのか？

信頼とは、希望のもう一つの言い方なのだろうと思います。とりわけこのマス・メディアの時代には、「私を信じてください」とか「この男を信じなさい」とか「私が答えを教えましょう」などという、偽りのことばが膨大にあふれています。

まるで商品を売りつけようとする大勢の人が集まっている催し物会場のようです。「私たちがこの場を切り抜けるためには、いったい何を信頼したらいいのか？」という疑問が繰り返し浮かんできます。

政治指導者たちが、希望や信頼を蝕《むしば》んできました。私たちの国ではサッチャー、いまはジョンソンです。状況はますます悪化しており、政治に対する信頼、社会の治療法をもっていると述べる人々に対する信頼は、きわめて低下しています。

ですから、信頼を見出し、信頼を知る――すなわち連帯の理念と本能でもって、私たちはお互いに良き隣人にならなければならないのです。良き隣人とは、家にやってきて、ドアをノックし、「大丈夫ですか？　何か手助けは必要ですか？」と言ってくれるような隣人です。

隣人同士で信頼することができれば、私たちは一人の隣人から、一つの通り、一つのコミュニティ、一つの都市、一つの国へと信頼をひろげていき、連帯の輪を築いていくことができるはずです。

私たちはすでに始めています。「人々が雇用保障もなく、医療保険もなく、傷病手当もなく働かなければならないのはおかしい」と言い、それを共有し、信頼し合うことがスタートなのです。

暗い時代のどこに希望を見出すか

次の映画の計画については、もう歳ですし、どうなるかはわかりません。三か月間活動していないと——それはほんとうに長い時間です——、エンジンを再起動しなくてはなりません。

ガレージに長いこと車を入れたまま動かさずに放っておくと、再び動くかどうか不安になるのと同じです。ですから、私もエンジンを今一度起動し、モーターがどうなっているか見てみなければならないわけです。

主題やストーリーはいつでもたくさんあります。このパンデミックのさなかにも数多く生まれています。英雄的なものであったり、勇敢なものであったり。でもそれらを映画にすることができるとは思いません。あまりに近すぎる出来事だからです。

長編映画では、長期的な視野で物事や現実の根底にあるものを見つけなければなりません。日々のニュースではなく、その根底にある重要なアイデアを長い目で見つけるのです。なぜなら日々のニュースは、今日のニュース、明日のニュース、そしてまた次の日のニュースと続いていきます。

いずれにしても、まだ固まっていないプロジェクトについて話すことは、私たちにとって危険なことです。映画は、未踏の地への探査です。一つのアイデア、一つの状況から考えをスタートさせ、ポールが何人かのキャラクターを書き、私たちはストーリーの本質を話し合います。できるだけ知的であろうとする、一つの直観的方法です。最初から結論や型を決めて、そこに向かって機械的に仕事をすることは不毛だと私は思います。

繰り返すようですが、私たちがいつも心のなかで思っていることは、暗い時代のどこに希望を見出すことができるか、というものです。そしていつの時代も、不正義に抵抗し、堪《たま》りかねて反撃に転じる人々の姿が、私たちの心を打つのです。

このことを考えるために、私たちは自身の歴史を繙《ひもと》く必要があります。私たちは隷属《れいぞく》に反抗し、ファシズムと闘いました。帝国主義に抵抗する闘争は、帝国の支配者によって自由の戦士がテロリストと呼ばれたにもかかわらず、成功を収めました。しかし旧植民地時代の統治者が経済を支配し続け、搾取を継続することによって、人々の自由が失われるということはしばしば起きています。私たちはかつてと同様の闘いを、何度も繰り返し闘わなくてはなりません。

私たちの希望は、人々の正義と、搾取と圧制に対する抵抗の歴史に基づいています。もしあなたが何らかの政治運動に関われば、よりはっきりと物事を見て、お互いを思いやり、友情を強固にできるようになるでしょう。人々は闘争を通じて成長するからです。

同志の関係や他者との連帯、そして良きユーモアは、共通の敵に直面したとき、問題解決のための策を練ったり、真の仲間と言行が一致しない者を見分ける経験をしたりしながら、手に入れ、学んでいくものです。闘争は、偉大な教師なのです。

だからこそ、未来が暗澹《あんたん》として見えるとき、私たちがポジティブでいるための希望は闘争のなかにこそ見出すことができると私は考えます。

なぜ学ぶことが重要なのか

私は後ろを振り返らないことにしています。前を見なければいけないと思うからです。それでも、直前のいくつかの過《あやま》ちから学ぶことはあります。

正しいと思った次の瞬間、私たちはもう間違ってしまう。だから何度も繰り返し、同じことを学び続けなければなりません。教訓の一つは、映画をつくるのであれば、「この映画をどう撮ればいいかわからない」というところから毎回スタートしなければいけないということです。

加えて、私たちは基本的な原理原則について何度も学ばなければなりません。さもないと忘れてしまうからです。かたちは異なれど、これまで常に同じ闘いが繰り返されてきました。闘いはその年や状況によって変化しますが、「私たちはどうやって変化を起こすか？ 変化をもたらすための理念とは何か？」という原理原則は同じです。

ですが同時に、人々が似たようなやり方で、同じことをしてしまうのも繰り返し見てきました。

私は六十年近く、左派の政治活動に関わってきました。毎回、人々は非常に革命的で、ラディカルな、素晴らしい理念について話し合うことからスタートするのですが、彼らは権力を握るようになるとやがて右寄りになり、理念を忘れ、そして突然、反対の側に寝返る――つまり変革のための最大の障害になってしまうのです。

これはほんの一例にすぎません。けれども、あなたは同じパターンをさまざまな時代、場所で繰り返し見つけることができるでしょう。ですから、常に最初の原理原則に立ち戻るのです。映画づくりを通して、あるいは社会のなかの一人の市民として、学ぶことが重要なのはそうした理由からです。

間違いながら前に進むということ

映画産業は、ただお金を儲ける手段にすぎません。大型の映画スタジオは、多国籍の大企業によって所有されています。そして映画は彼らが行う事業のごく一部でしかない。彼らは映画そのものに関心はありません。お金が彼らの目的ですから。産業としての映画は、ほかのどんな産業とも変わりはないのです。

けれども、映画はまた媒体でもあります。あるいは本が媒体であるように。個々の映画だけが、あなたとつながることができます。しかし、ここにパラドックスがあります。媒体はニュートラル(中立)でも、やはり誰かが所有しているからです。

誰がその映画に出資しているのか、彼らがそうすることで何が欲しいのかによって中立ではなくなります。食べ物と同じではないでしょうか。あなたはハンバーガーを際限なく食べ続けることができるけれど、そんなことをすれば死んでしまいます。

一方、あなたは自分の庭で育てた野菜を食べることができ、そこから十分な滋味、栄養を得ることもできます。食べ物は食べ物、映画は映画ですが、その役割や機能は、誰が所有しているか、製作しているかで異なるということです。

ですから、優れたインディペンデント(独立系)映画であれば、少しは社会に影響を与えることができるでしょう。それでも、あくまでほんの少しだけです。すべては映画を見てから、観客が何をするかにかかっています。

私の映画にしても、社会に影響を与えられたかどうかは、自分ではわかりませんし、判断できません。おそらく直前の二本（『わたしは、ダニエル・ブレイク』と『家族を想うとき』）は、何らかのインパクトを与えられたように思います。

なぜなら、それらは人々の重要な関心事に、的確に触れているからです。労働の搾取や貧困、あるいは裕福な国にいながら食べられない人がいることや、極右の利益に奉仕する官僚主義の残酷さ――。私たちはこれらについて、映画を通して共有するのです。もっとも、あまり大げさなことは言いたくありません。あくまでもただの映画ですから。

先ほど過ちから学ぶと言いましたが、これまで私はたくさんの判断を誤ってきました。特に八〇年代には、最悪の十年間を過ごしました。テレビドキュメンタリーのシリーズを製作しましたが、そのほとんどはお蔵入りになりました。自分に何ができるかの判断を誤ったのです。

マーガレット・サッチャーの時代でした。彼女は、私たちが福祉国家と呼ぶものを引き裂き、すべてを民営化しました。私は、労働者階級がそのことに抵抗することができるという内容のドキュメンタリーを、テレビ局のために製作したのです。しかし上層部がしくじってしまい、放送されませんでした。

映画をつくるときも、いくつかの間違いはつきものです。なぜなら、映画づくりは小さな判断の連続だからです。脚本家と共に――幸運なことに私たちは偉大な脚本家と一緒ですが――脚本を検討しながら、誰をスタッフに起用するか、誰をキャスティングするかなど毎日判断をし、ときにそれを誤り、ときに前日の間違いを翌日に修正しなくてはなりません。

ボートの舵《かじ》を取るのに似ています。岩場の急流を抜けたかと思うと、別の岩にぶつかり、また次の岩が出てくると、それを避けながら進みます。調子よく進んでいるかと思うと、またいろいろな岩にぶつかる。そんな風に、間違いながら進んでいくのです。

自分がつくった映画は、私の子どもたちみたいなものですから、どれか一本がほかのよりも好きだということはありません。ただ、特に失敗した作品については、いちばん守ってあげたいと感じます。

真実を見つけ出すために

是枝さんとお会いしたのは昨年の夏でした。彼には独創的なアイデアと世界の見方があります。

そう、私たちは独創的な世界の見方を必要としているのです。多くの異なる視点や眼差し、異なるアイデア、異なる解釈が必要です。だから、創造性を追求するのです。私もそれまでに決して考えたこともないようなアイデアを探し求めています。

誰かが次に何をしようとしているかを知りたいとは思いません。それを、驚きをもって楽しみたいからです。是枝さんには、安全に過ごしていただき、また別の映画製作の機会があることを望んでいます。私たち映画作家はいつも、次の映画がもう二度とつくれないのではないかと不安に思っています。それこそ私たちがいつも恐れていることです。健康に気をつけて、次の映画をつくってくれることを願っています。

是枝さんは私の映画から学んだと言ってくださいましたが、私自身も映画づくりを始めたとき、すでに見ていた映画からいくつかのことを学ぼうとしました。けれどもすぐ、自分が自分自身の先生にならなくてはいけない、と考えるようになりました。

そうすれば、自分が好きなものや、自分にとって大切な原理原則を、自分なりに見ることができます。映画づくりを始めたならば、人は自分自身の先生になるべきだということです。何がうまくいくか、何がうまくいかないかを見きわめること、なぜうまくいかないのか、立ち戻るべき最初の原理原則は何かといったことを、自分で考える必要があります。

具体的に言えば、どのようにカメラの前に人々を配置すれば、真実に迫れるか？　どのように語らせて、どのように撮影すれば、人々の感情を「ふり」ではなく、本物にできるのか？　どうすれば演技のなかに本物の感情を入れられるか？　どのようにシンプルだけれど重要なストーリーを見つけるか？　どうやって観客とコミュニケートするか？　何が良いイメージをつくるのか？

センセーショナルに見えるけれど価値がない映像と、ほんとうに重要なことを訴えている映像との違いは、宝石の場合と似ています。たとえば、あなたがカットグラスのかけらを見つけて、「わあ、なんてキレイなんだ」と思ったとしましょう。でもカットグラスに価値はありません。ところが、きわめてちっぽけに見えてもそれがダイアモンドであれば、大変な価値があります。

映画づくりも同じで、たとえ見栄《みば》えだけいいものがつくれたとしても、価値がなかったりする。逆に些細《ささい》なことであっても、深みのあるものが見つけられたら、そこには大きな価値があると思うのです。

だからこそ、私たちはいつでも真実を見つけ出す方法を探しているのだと思います。

謝罪と希望

最後に若い人たちに向けてのメッセージを送るとすれば、それは第一に謝罪です。旧世代である私たちは、世界を悪いやり方で残してしまいました。不平等と搾取、そして環境破壊。私たちに続くあなたたちは、もっとうまくやらなければなりません。

第二に、どうか歴史を繙いてください、ということです。なぜなら、もし歴史を知れば、何が間違っていたのか、そしてなぜ私たちが現在の状況にあるのかがわかります。じつに明白にわかるのです。

古い言い回しに、「すべてを試し、良いものだけを固持せよ」ということばがあります。言い換えれば、私たちが毎日耳にする決まり文句《クリシェ》を疑え、ということです。いくつか例を挙げましょう。

・「自由市場」は自由ではない。
・民主主義を支援すると宣言する国家は、往々にしてその敵である。
・政治家が称揚し宣伝する「経済成長」とは、たいていの場合、搾取と資源の破壊、気候危機の増大を意味する。
・「防衛力」はいつも、市民の安全を守るどころか、戦争を仕掛けるものだ。

プロパガンダは、婉曲表現によって隠されています。たとえば「フレキシブル（柔軟）な仕事」とは、雇用者には良いものですが、労働者には悪いものです。なぜなら労働者の仕事を、水道の蛇口を開けたり閉めたりするように調整できるからです。

ことばの明晰さを要求しましょう。政治的なメッセージを隠蔽《いんぺい》させないように。それから、私たちが直面するあらゆる状況の根っこを探るために、質問を投げかけてください。また、私たちの目的を思い出してください。それは持続可能な社会、安全な生活、尊厳、充足です。

最後に、百年以上前のストライキにおける要求、「私たちはパンも欲しいが、薔薇も欲しい」を再び掲げておきましょう。これは若い人たちにとって、希望となります。もちろん私たち高齢者にとっても。

日本のみなさんには、なによりまず感謝を伝えたいです。映画を見にきてくださり、ありがとうございます。もしあなたたちが見にきてくださらなかったら、私たちは映画をつくることができなかったでしょう。私たちの映画が、あなたたちに何かを伝えられることを願っていますし、それがあなたの世界で起きていることだと受け取っていただくことを望んでいます。

それから、私たちが映画を見るだけでなく、別の方法でも団結できるようになれば、とも思います。私たちは労働者階級の人たちのために連帯する必要があります。政治家は必要ありません。普通の人々の経験を共有することを通じて、私たちはお互いにつながることができるのですから。

（二〇二〇年六月収録）

第五章　ナショナルへの回収にいかに抵抗するか

是枝裕和

パブリックの危機

僕はこの十年、二十年のあいだに起きている社会の大きな変化として、一つにはパブリックなものの、ナショナルなものへの回収があると思っています。

たとえば、去年(二〇一九)の秋、ケン・ローチ監督と対談をした後、神奈川県川崎市のしんゆり映画祭で、従軍慰安婦を扱ったドキュメンタリー映画(『主戦場』ミキ・デザキ監督、二〇一九)の上映をめぐって、問題が起こりました。

主催者である映画祭側が、自らの判断でいったん上映を決めた作品に対して、共催者である川崎市に「忖度《そんたく》」し、何かトラブルが起こるとまずいという理由で映画祭での上映を中止したのです。すでに何のトラブルもなく劇場で公開されている作品であるにもかかわらず、です。この事態に何人かの監督や俳優たちが抗議の声を上げ、上映予定を取りやめた作品もありました。

僕も俳優の井浦新さんの特集上映のなかで、『ワンダフルライフ』(一九九八)という初期の映画を上映していただける予定でした。ですが井浦さんと連絡を取って話し合い、単に上映を取り下げるのではなく、みずから映画祭に足を運んで異議を唱えたほうがいいのではないか、という結論に至り、二人で壇上に上がって、映画祭がどうあるべきかという話をさせていただきました。

これは別に、従軍慰安婦を扱ったその映画が優れているとかいないとか、主義主張が正しいか間違っているかどうかという話ではありません。自らが決めたそのプログラムを、お金を出している外部の人たちの顔色をうかがって取り下げることが何を意味しているのか、という哲学の話なのです。最大の問題は主体性の欠如です。だから僕は、映画祭がみずからの作品選定基準に作品の良し悪し以外の不純なものを持ち込んでしまったら、作品セレクションへの信頼を失い、今後つくり手は協力できなくなるという話をしました(結局、相次ぐ抗議を受けて、『主戦場』は映画祭最終日に上映された)。

この話には続きがありまして、むしろ、この稿ではそちらが「主戦場」なのですが。そのとき僕らの上映を取材しに来ていたのが、NHKと神奈川新聞でした。上映後の囲み取材の際、NHKの記者が「なぜこういうこと(共催者への忖度)が今あちこちで起きていると思いますか?」と本当に素朴に聞いてきたので、僕はこう答えました。「公共放送であるあなた方の局が、実質的に予算の執行権を握られている政府の顔色をうかがって、都合の悪いことは報じないじゃないですか。その態度と今回の映画祭の主催者の態度はどこかでつながっていると思いませんか？　そして恐らくこの僕のコメントをあなたの番組の中では使いませんよね。違いますか？」と。結局その部分は放送では使われませんでした。

ＮＨＫのように強大な組織になると、さまざまな力関係のなかで生きていかなければいけないわけですから、つくり手、伝え手も相当大変だろうと同情はします。それによって制作現場をはずされて不遇をかこった優秀な作り手が数多くいることも知っています。でも、そこは踏んばって欲しいわけですよ。「国営」ではなく「公共」放送であることの意味を考えて。ただＮＨＫに限らずこの二つの違いが認識されなくなっているんだろうと思います。

何が言いたいかというと、映画祭も、放送局も、またいま問題になっている日本学術会議にしても、いわゆる「公共」的な場における表現の自由とか、放送の自由、学問の自由というのは、やはり権力からの自由だと思うのです。

権力の介入をさせずに、純粋に、忖度なく表現をし、きちんと批評をし、学問をする。その私たちの社会の多様性のために私たちは税金を払い、受信料を払い、それによって彼らの自由を担保しているということです。

文化への圧力は右も左も同じ

たとえば映画祭には、国や自治体のお金が入ったり、文化予算が使われたりしていますが、それはお金が出ているから国や自治体の言うことを聞かなければいけない、あるいは彼らが嫌がるものは上映すべきでないということではありません。むしろ、僕たち有権者、納税者の側に、そのお金を使って映画祭に自由な運営をさせる権利があり、義務があるのだと思います。

それを「税金を使って政権を批判する映画を上映するとは何事か。『反日』だ」と騒いだりするのは、まったくのお門違いというか、根本的にスタンスが間違っていると思います。

日本では、どうやら自分たち一人ひとりが主権者であるという意識が薄いような気がします。それと同時に、権力というものは必ず腐敗するのだという認識も、あまりないのではないでしょうか。だから、憲法によって権力の腐敗や個人の権利への侵害を防ぐ、立憲主義あるいは法治主義というものが根付いていない。「私」という個人の確立があいまいにされたまま、さらに言えば「公共」という概念の成熟を蔑《ないがし》ろにして来たツケが今、回って来ているのではないかと思います。これは、はっきり言ってリベラルの怠慢が招いているのです。政府は私たちのために働くパブリック・サーバントであるという発想自体がたぶんない。施しをしてくれる「お上」だと思ってしまう。本来は私たちが主には選挙という権利によって彼らを上手に乗りこなすべきだと思うのですが。

私たちの税金の再配分を、私たち自身が決めていくのが、民主主義の原則です。現実には代議員にその役割を担わせているけれども、あくまでも主権者は自分であるという意識が薄いのです。だから日本学術会議の問題でも、「税金から手当をもらっているのだから、(任命されなかったからといって)政権を批判するのはおかしい」などという間違った理屈が、堂々とまかり通る。国や社会を次のステップに更新してくれるかも知れない研究や表現を、つぶしてしまうことは本来は「国益」を毀損《きそん》する行為だと思うのですが、どうもそうは認識されていない。批判するならその主体、主語は政府や首相ではなく「私」にするべきだと思います。

ＮＨＫの場合は、受信料なので税金ではありませんが同じ構造があります。そもそもの成り立ちを考えれば、日本学術会議法にしても、放送法にしても、戦時中に学問や放送というものが、権力と一体化することによって引き起こされた不幸への反省から、戦後に公権力の介入をどのようにして阻《はば》むかということでつくられたものです。距離を取ろう、と。

それがいつの間にか、立法趣旨が蔑ろにされて、もともと何のためにその組織があったかということがすっかり忘れられてしまった。それどころか、放送法などは政権が圧力をちらつかせながらコントロールするための道具になってしまっている。これは立法時に確認されていた、公権力は放送に介入しないので自由に番組をつくれという趣旨とは真逆です。これは節度のない政治家だけの問題ではなく、不勉強な放送人の責任が最も重いと思います。

どうやってそのような傾向に抵抗していくのか。そこには右も左も関係ありません。僕は全体主義が嫌いなだけです。歴史的には、はっきり言って、共産主義だって全体主義ですからね。とりわけ文化への圧力に関しては、右も左も同じです。

映画は「不要不急」なのか

この本に収録された対談がはじまる前に、じつはケン・ローチ監督とも、いま日本では「公共」が死にかけているという話をしました。いま日本で起きている一番大きなことは、パブリックな価値観や組織が、おしなべてナショナルなものに回収されていくプロセスである、と。

ただし、パブリックなものがナショナルなものに回収されていくのは、この国だけではなく、いま全世界的に起こっていることです。そんな危うい時代にさしかかっています。パブリックには、多様性と寛容の精神が必要です。簡単に言えば詩人の金子みすゞの「わたしと小鳥とすずと」という詩にあるような「みんなちがって、みんないい」という価値観です。これはじつは、難しい価値観ですよね。多様なんだから。一つの正解を求める人にとっては、特に。だから、わかりやすいナショナルのほうに、人々は容易に流されてしまうのでしょう。でも僕は、その流れには何としても抵抗しなければいけないと思っています。まあ正直に言うと、主義主張というよりは生来の天邪鬼だと言ったほうが近いのですが。

加えて僕は、もう一つの流れとして、功利主義、つまり役に立つか立たないかによって、人間も物も時間も、何もかもジャッジされていくという傾向がある気がしています。たとえば「生産性」ということばで、人がその存在価値を決められてしまうことですね。

功利主義の影響は、たとえば大学で教えているときに、学生たちからも感じます。僕が教えているのは文学部ではなく、理工学部です。そこで映画やテレビについて教えているわけです。理工の学生だけが授業を受けているわけではないし、理工の学生すべてがそうだというわけでもありませんが、彼らはやはり「これは何の役に立つのか」「この番組や映画で世界は変わったのか」といったことをとても短いスパンで考える。きっと子どもの頃からそういう教育を受けているからでしょう。

そういう考え方が、学生たちのなかにすでに浸透しています。いま彼らは、役に立たない小説を読むのであれば、役に立つ新書を読んだほうがいいという考え方になっています。国としても、どんどんそういう方向に進んでいるのは間違いありません。だから文学部は軽んじられて、いわゆる「実学」が重んじられる。僕はずっと映画という「虚」の世界に身を置いているので、余計にそのことを肌で感じます。

そしていま、新型コロナウイルスによるパンデミックの状況下で、映画は「不要不急」のものとみなされています。もちろん、医療や福祉の現場の人間たちが、一番ケアされなくてはならないのは間違いありません。ただ、映画は不要不急だから後回しでいいのだという考え方に触れたとき、僕はふと、戦時中の映画をめぐる状況を想起したのです。

ここで戦時中の話を持ち出すのが適切なことかどうかはわからないのですが、すべての産業が甲乙丙の業種に格付けされ、映画は最下位の丙種にカテゴライズされたわけです。すると物資が回ってこなくなる。美術のセットも組めなくなるし、フィルムも足りなくなる。その産業が役に立つか立たないか、それはいわゆる国益に適うか適わないかですべてが決められる世界です。

この場合の国益というのは戦争のことですが、国益に適うか適わないかで評価が下されるという状況は、いまと共通するものを感じます。それが、パンデミックによって顕在化しました。

戦時中にそれで何が起こったかというと、生き残りのためにフィルムがほしいと思った東宝は、ほかの映画会社より先に軍部に接近し、戦意高揚映画をつくりました。観客も熱狂的にその映画を受け入れた。

東宝は『ハワイ・マレー沖海戦』（山本嘉次郎監督、一九四二）などをはじめとする国策映画をつくりながら、余ったフィルムで他の娯楽映画も量産していきました。これは単純な批判ではありません。もちろん擁護するつもりもありませんが、それでも撮れないよりはずっといいと考えた監督やプロデューサーの気持ちはとても理解できる。

つまり、映画人たちは、映画を撮るためだったら、もしかしたら自分もふくめて、再びそういうことをしてしまうかもしれないということです。だからこそそうならないために、個人の良心に判断を委ねたりせず、一定の距離をとる制度や仕組みが必要であると思っているわけです、お互いに。

自由にものをつくる意識が失われつつある

これは映画業界だけの話ではありません。メディアの世界でも、当事者である放送局や新聞社の人間たちから、主権者として自由にものをつくるという意識が、薄らいでいっているような気がします。

僕がテレビの世界に入るきっかけになった村木良彦、萩元晴彦という、テレビマンユニオン（一九七〇年創立の、日本初の独立系番組制作プロダクション）をつくった人たちがいるのですが、一九六〇年代に彼らがつくった番組が問題視されたとき、政府与党がTBSの社長を呼びつけて、説明を求めたことがありました。

しかしその当時は、社長が説明に行くなんてとんでもない、という批判が起こりました。それは、電波というものが国からの施しではなくて、私たちのもの、すなわち公共のものだという発想が、まだ常識として通用していたからです。ところがいまは、電波はやっぱり国のものであり、許認可権を握っている総務大臣が放送を止めようと思えば止められるのだという、放送法の立法趣旨とは明らかに異なる、拡大解釈ですらない無謀な解釈を、放送局自体が受け入れてしまっているように見えます。

かつては政府与党の側も、個々の番組の内容に対して放送法を罰則的に使うことは、法解釈上できないという国会答弁をずっと繰り返してきました。また、戦時中の国家による電波の統制を解くため、戦後の一九五〇年に、電波法・放送法・電波監理委員会設置法の、いわゆる電波三法が公布・施行され、電波監理委員会という政府から独立した第三者機関が設置されて、放送を権力の外側で律するための防波堤となっていました。

それが一九五二年、日本の主権回復とともに廃止され、その監督権は当時の郵政省、つまり現在の総務省に統合されて、電波と放送は再び政府によって管理されることとなります。しかし、当時の郵政大臣兼電波通信大臣であった佐藤栄作も、監督権を郵政省（現・総務省）に移すからといって、電波行政は政府与党に左右されないと国会で答弁しているのです。それ以来、約四十年間、政府与党は長らくその解釈を踏襲していました。

ところが、一九九三年の「椿発言」（テレビ朝日の当時の報道局長だった椿貞良氏が、民放連〔日本民間放送連盟〕の会合で、総選挙において自民党と共産党を除く連立政権を成立させるような報道姿勢をとるよう、発言したとされる問題）以降、自民党はそのときに一度政権を手放した危機感から、明らかに放送法の解釈自体を大きく変えたわけです。テレビによる「偏向報道」によって政権の座を奪われたという後悔から生まれる強迫観念によって、あらゆる放送の内容をチェックし、積極的に介入していくのだという考え方に変わった。

そしてそれを放送局側も受け入れてしまい、この三十年弱で、それが一般にも浸透してしまいました。その結果、いまでは自民党からテレビ各局に対し、街頭インタビューや資料映像などで、意見が偏《かたよ》らないよう報道してくれという「要望書」(二〇一四年)を送付するなどということが、当たり前に行われるようになってしまいました。BPO(放送倫理・番組向上機構)の委員を務めていたときにこれらの動きは目の当たりにしていましたから、その異常さは十分過ぎるくらい理解しています。

本来、公正中立や公平性、また不偏不党というのは、何も判断、批評しないということではないはずです。むしろ特定の勢力(特に公権力)に対して「忖度してはいけない」ということなのです。その権力からの自由を私たちが、私たちの社会のために税金や受信料によって支えるわけです。

「そもそも論」を言い続ける

いまは映画人の一人として、また何より一人の有権者として、このような社会的な発言もしていかなければならないと思っています。ただ、基本的なスタンスとしては、自らすすんで発言をするのは自分が当事者として関わってきた、テレビと映画に限定しようと思ってはいます。その分野に関しては三十年関わってきたので、多少なりとも意味のあることが言えるのではないかと思っていますから。つくり手が自分の関わるメディアに関してきちんと言葉を持って書き、語れというのは村木さんの教えでもあるんですよ。つくり、書き、語る。いま僕がやろうとしているのは、この村木さんの教えの自分なりの実践です。でも以前は、ちょっと違うスタンスをとっていました。

僕が最初に映画祭に参加したのは、一九九五年のヴェネツィア国際映画祭でした。そのとき、授賞式の会場で、フランスによる核実験反対という垂れ幕を掲げて壇上に上った人たちがいたのです。会場を埋めていた人たちの多くは、それに賛意を表明するために立ち上がって拍手をしました。でも僕は立てなかった。

何が起きているかよくわからないということもありましたが、その趣旨を聞いたうえでも、「この映画祭に参加しているフランスの映画人たちが核実験に賛成したわけでもないし、そういう映画をつくったわけでもない。それなのに、ここでこういう政治的なメッセージを掲げていいのだろうか」と、疑問を持ったのです。ちょっとこれは違うのではないか、と。

それから、二〇〇一年の山形国際ドキュメンタリー映画祭でのことです。森達也監督が「ニューズウィーク」日本版の記事(二〇二〇年十月十三日)にも書いていますが、「アメリカのアフガニスタン侵攻に抗議の声を上げよう」というチラシを受け取った僕と森さんは、その抗議声明に参加するかどうかで悩み、「どうしようか?」と立ち話で相談しました。躊躇の末に、結局僕らは参加せず、翌日、その声明は映画祭に参加している他の多くの映画人たちの連名で、記事として発表されました。

なぜ僕たちが参加しなかったか。それは、たとえ正しいと思われることであったとしても、映画祭というものをそうした政治の場として利用することに、僕は疑問を感じたからです。映画祭と政治を結びつけてしまったら、どこそこの国でやる映画祭には「政治的な理由」で参加をしない、というようなことにもなってしまいます。

そもそも映画祭というのはオリンピックなどとは違って、あくまでも個人が、ナショナルなものを脇において、一人の映画人として参加するものです。だから別に会場入りするときに、誰も国旗を振ったりはしないわけです。

とくにヨーロッパでは、つくっている作品が素晴らしければ、たとえ性犯罪で訴えられたロマン・ポランスキー監督であっても、映画祭に来てもいいわけです。あくまでも作品で評価するという意識が徹底しているからです。

ことポランスキーに関しては、僕は別の意味で異論があるし、嫌悪感をもって会場を退出する女性たちもいたようですが、当然の反応だと思います。ただ、映画祭のスタンスの潔さというか、映画と人物の評価は別だという哲学について、僕はとても素晴らしいと思っています。

ですから、政治的主張もしくは社会的なメッセージを発するのであれば、僕は映画祭以外の場でやればいいと思うし、そこに国家に関わる政治的問題を持ち込むことにどうしても違和感を覚えてしまうのです。

とはいえ、映画祭に参加すれば、記者たちからは常にそういうことを聞かれます。それにどう対応していくかは、非常に難しい問題です。逆にアメリカのアカデミー賞授賞式などでは、壇上に上ったらみんな、政治的な意見でも個人的見解でも、なんでも言いたい放題です。でも、僕はそのために映画祭に参加しているわけではないし、もし何か声明に賛同するのであれば、映画祭ではなく他の場所でそれをしたい。

少し前の二〇二〇年十月五日、日本学術会議の任命拒否問題に関して、映画人有志による声明(「日本学術会議への人事介入に対する抗議声明」)が発表され、僕もそこに名を連ねたのはそういう考えからでした。

森達也監督に誘われて声明文を読んでみたら、しごく真っ当なものでしたし、やはり日本学術会議ができた経緯を考えると、その人事に提言を受ける側の権力が手を入れるということは、少なくともあってはなりません。

声明には「表現の自由」や「言論の自由」ということばもありましたが、本章で述べてきたように、僕はまず、権力からの独立と自由が侵されていることに、強い危機感を覚えています。繰り返しになりますが、その独立と自由を、私たちの税金を使って担保しているのだという主権者意識が希薄だから、一部の人たちにとっては、政権に異論を唱える「反日」のために税金を使うのかという発想になってしまうのです。

しかし本来は異なる意見を持つ人たちであっても、社会がその人たちの存在を敵視して「あんな人たち」と呼ばず、しっかりと包摂していく。そのような環境こそが民主的であり、健全な社会のはずです。ですから、この声明のように日本学術会議であれば、そもそもこれが何のためにつくられたかという「そもそも論」を誰かが言い続けるしかない。僕はいま、そのように思っています。

おわりに――僕はケン・ローチにはなれない　是枝裕和

「映画は社会的メッセージの道具」という誤解

映画『パラサイト　半地下の家族』が昨年(二〇一九年)のカンヌ国際映画祭でパルム・ドールを受賞したとき、NHKテレビに呼んでいただいて、番組でポン・ジュノ監督と対談をしました。

そのとき番組の制作者から最初に見せられた構成は、「現代社会が貧困問題とどう向き合うか」というようなイメージで、僕の『万引き家族』と『パラサイト』を並べて取り上げる、いわゆる「社会性」を切り口にしたものでした。

そこで僕は対談の前に「これはやめたほうがいいのではないか」とディレクターの方にお話ししました。なぜなら、ポン・ジュノ監督は、そういうことをやりたくてあの映画を撮ったわけではないだろうと思ったからです。彼はただ、面白い映画が撮りたくて、あの映画を撮ったはずなのです。観ていただければ一目瞭然のように、本当に不謹慎なくらい面白いのですから。

番組の制作者は真面目でいい方でしたし、もちろんそのようなスタンスの読み取り方があってもいいと思います。誤読であるとまでは言いません。ただ、番組にするのであれば、そういうふうに見方を限定してしまうことで、映画そのものの面白さから遠ざかってしまう気がするのです。

たとえば僕の『海街diary』(二〇一五)という、吉田秋生《あきみ》さんの漫画を原作とした映画があります。その映画の予告編のなかに、主人公の四姉妹がちゃぶ台を囲んでごはんを食べるシーンがありました。

長澤まさみさん演じる次女が、お行儀が悪く、立て膝でごはんを食べている。本編では、それを綾瀬はるかさん演じるお姉ちゃんに注意されます。おばあちゃん子である長女が、お行儀の悪い妹たちを叱りながら、姉妹で朝ごはんを食べるシーンなのですが、予告編では叱っているところは映りません。

すると予告編しか見ていない一部の人たちから、「立て膝は韓国式の食べ方であるから、是枝は韓国がルーツなのではないか」「日本文化を壊そうと思って、韓国式の風習である立て膝を女優にさせているのではないか」という声が湧き起こりました。

　彼らは「こんな『反日』映画は上映すべきではない」と騒いで、配給会社に上映中止を求める電話をかけることまでしました。もちろん「予告編ではそう思ったけれども、本編を見たらそうではありませんでした。すみませんでした」と連絡をくれたり、謝罪の言葉を発した方は僕の知るかぎり一人もいません。騒ぐだけ騒いで終わりです。

　それと一緒くたにするのは大変申し訳ないのですが、「良心的」と言われる人たちの映画の捉え方も、映画を社会的なメッセージの道具だと誤解している点では、同様に扱いづらいときがあります。それはポン・ジュノ監督との番組のときにも感じたし、じつはケン・ローチ監督との番組のときにも感じたことでした。「敵だ」と叫んで暗闇から石を投げつける人たちは、振り返ったらもういないので対処のしようもないのですが、それよりはむしろ「良心的」な、自らは「味方」だと思っている人たちのほうが、対処が難しい場合があります。

カメラの置き方とは、世界の捉え方

右左という分け方は嫌いなのであまり使いたくないのですが、僕はもちろん右翼でもなければ左翼でもありません。というか、そもそものようなわかりやすい二分法で社会や人を捉えてはいません。

「国益」というものを現政権の意向に添うか添わないかという基準だけで考え、それへの距離で「愛国」と「反日」に区分するような大雑把な分類というのは世界を見るレイヤーが浅すぎて、それでは稚《おさ》ない世界地図しか描けないだろうに、と思います。

世代のせいばかりにするつもりはないけれども、僕はイデオロギーというものに対する幻想が終わったあとに、子ども時代や青春時代を送っているので、イデオロギーへの信仰はもちろんないし、思想的な主義主張がないことが、むしろ一時期、コンプレックスというほどではないにせよ、もしかすると自分の作品にある種の弱さとして出ているのではないか、と考えたことすらあるくらいです。

一方、ケン・ローチ監督は、自他ともに認める社会主義者です。イデオロギーというもののときちんと向き合って生きてきた世代です。その点は、ローチ監督に対するシンパシーと同時に、明らかに自分とは違うなと感じます。

すこし話は逸れますが、たとえば日本にも社会主義者もしくは共産主義者、良心的な左翼とされる人たちがつくった映画は、戦後のいわゆる「民主主義映画」（GHQが占領政策の一環として奨励した）などをふくめ、山のようにあります。しかしたとえばその代表である今井正や山本薩夫といった監督たちは、戦中はむしろ戦意高揚映画をつくっていました。好むと好まざるとにかかわらず、みずからそこに身を置いたのです。

それが戦後になって、ある種の贖罪《しょくざい》意識もあったのでしょうけれども、今度は啓蒙的な「民主主義映画」を撮りはじめる。そして『ひめゆりの塔』（今井正監督、一九五三）のような反戦映画まで撮ってしまう。その節操のなさはいったいどこからきているのか。このことは、きちんと問い直さなければいけないと僕は思っています。

ケン・ローチ監督は、そうした戦後日本の「良心的な左翼」と言われる人たちとはまるで違う、いわば筋金入りの社会主義者なので、単純な比較はできません。それでも、イデオロギーというものを信じることができない僕は、絶対にケン・ローチにはなれない、ということを今回の対談では痛感させられました。

もっともケン・ローチ監督が左翼として、左翼のイデオロギーのためにだけ映画をつくっているのかといえば、けっしてそう単純ではないでしょう。日本の左翼的映画の多くは、労働者を単なる被害者として描きますが、ケン・ローチ監督の映画はもっと複雑です。社会的な弱者のなかにも必ず内部から崩壊していくものがあって、ブルジョワと労働者といった、単純な二項対立では世界を捉えていないのです。だから、主義主張とは別に、観ていて大変面白い。人間描写の確実さや繊細さとでも言えばいいでしょうか。「人間をきちんと見つめる」ことが、主義主張より先にあるのです。

それに関連して、ローチ監督が対談のなかで、僕の映画と共通するものがあるとおっしゃってくださったのが、カメラの置き方でした。これは単にテクニカルな話ではありません。カメラの置き方というのは、世界の捉え方ですから、テクニック以上のものなのです。どこから世界を見るか、どこから人を見るか、ということです。

大きく分ければ、映画には物語を語ろうとするカメラと、対象である人間を見つめようとするカメラがあります。「見せる」ことと「見つめる」ことの違いと言ってもいいでしょう。このどちらを中心に据えて撮るかによって、作品は明快に分かれます。

人間を見つめるための道具としてカメラを使うという発想自体は、僕はドキュメンタリーの現場で学びました。一方、ローチ監督は最初期のテレビドラマの時代から、一貫してそのようにカメラを用いています。

僕自身は、人間を見つめるための道具としてカメラを用いた映画が好きです。ケン・ローチもそうですし、ダルデンヌ兄弟（ベルギーの映画監督、『ロゼッタ』『ある子供』など）や、侯孝賢（ホウ・シャオシェン、台湾の映画監督、『恋恋風塵』『非情城市』など）もそうです。

そこには主義主張を超えたシンパシーを感じます。つまり、政治的な主義主張と、映画自体が持っている、人間を見つめる視線は、必ずしもイコールではない。そのことを再認識できたのも、僕にとっては今回の対談の大きな収穫でした。

本当のリベラル、本当のラディカル

ケン・ローチは僕の師匠だと言いましたが、テレビの世界に入ったときの最初の師匠は、第五章で触れた村木良彦、萩元晴彦という、テレビマンユニオンの先輩たちでした。

彼らは僕にとって精神的な父親とも呼べる人たちで、テレビマンユニオンに新人で入った頃、萩元さんからよく聞かされた話があります。

萩元さんは、TBS時代に『あなたは…』(寺山修司構成、萩元晴彦・村木良彦演出、一九六六)という、きわめてラディカルなドキュメンタリー番組で、テレビに革命を起こしたと言われています。これは同一の質問による複数の街頭インタビューで構成された、当時としては画期的な番組でした。

ですがその前に、じつは山下清(「裸の大将」のニックネームでも知られる画家)を連れて戦時下のベトナムへ行く、『山下清のベトナムルポ』という企画を立てていました。しかし、その企画は局内の労働組合に反対され潰されてしまった。「ベトナム戦争はアメリカ帝国主義に対するベトナム人民の『聖戦』であるから、そのような現場に山下清のような人間を連れて行って撮影するのは冒瀆《ぼうとく》である」というのが、理由だったそうです。

テレビマンユニオンの創設者にもう一人、今野勉という人がいます。今野さんはいまも現役のディレクターとして活躍されていますが、萩元さんと今野さんのお二人は、たとえば大阪万博(一九七〇)のパビリオンの演出の依頼があると、「面白そうだ」と思ってやる人たちです。だから長野オリンピック(一九九八)の開会式・閉会式では、萩元さんがプロデューサーで、今野さんは演出をやったわけです。

ところが村木さんはやらない。「なんで村木さんは参加されないんですか?」と、ご本人に聞いてみたことがあるのですが、「国家事業からは距離を取りたい」とはっきりおっしゃっていました。それに対し今野さんは、依頼された仕事は断らないというスタンスです。

はたしてディレクターとしてどちらが幸せなのかと言ったら、圧倒的に今野さんのほうが幸せです。生涯現役をつらぬくなら、やはり今野勉のふところの深さが理想です。でも、残念ながらというか、資質としては僕は村木さんに近いのです。

繰り返しますが、これは右か左かという政治的スタンス、思想信条の問題ではありません。萩元さんと村木さんは、六〇年代の終わりに、当時TBSで制作したいくつかの番組が問題視されて、現場から外されました。萩元さんや村木さんはテレビとは何か、テレビにどんなことができるのかを突き詰めていった結果、非常にラディカルで、大変面白いものにたどり着いた。しかし、それは「安定」を目指す放送局にとっては都合が悪かったということです。

そのとき、労働組合はそれを不当配転だとして、彼らを現場に戻せと主張します。彼らを組合運動に巻き込んで、労使間の闘争の旗印にしようとしたわけです。思想信条的にいえば、萩元さんは保守中の保守だし、村木さんもベトナム戦争中に北ベトナム側からの取材レポート『ハノイ・田英夫の証言』（村木良彦ほか演出、一九六七）のスタジオ演出はしていますが、むしろ政治からは距離を取っていました。

二人は、「おまえたちは俺たちの味方じゃない。俺たちが自由にものをつくろうとしたときに、おまえたちはそれを阻んだ。その意味では、経営側も組合側も同様に敵である」と言って拒否をした。そしてその後、ＴＢＳを退社して独立し、テレビマンユニオンを立ち上げることになります。

僕はこの話を聞いてしびれました。要するに右も左もなく、自分たちがものをつくるうえで、それを邪魔しようとする勢力はすべて敵である、と宣言した。なかなかできることではないけれど、僕の理想はこれです。彼らこそ、本当の意味でリベラルであり、ラディカルだと思うのです。

社会的に生きるということ

ケン・ローチ監督もまた、きわめてラディカルな存在だと思います。とはいえ彼は筋金入りの社会主義者ですから、じつはヨーロッパでも、ケン・ローチの政治的な考え方は古いと言われることがあります。

僕は直接聞いたわけではありませんが、ある記者会見で意地悪な記者が、「もう社会主義なんて終わっているのに、なぜあなたはまだそれを信奉しているのか」という質問をした。そうしたらローチ監督は、「皆さんはまだ本当の社会主義を見たことがない。それはこれから生まれてくるものだ。過去のものではなく、未来のものだ」と答えたそうです。

おそらく、社会主義の可能性というものを、彼は信じているのでしょう。日本で生まれ育って、この時代に生きている僕が、彼のいまの考えに全面的にシンパシーを感じるかと言われたら、それはちょっと違うと言わざるをえない。違う、というよりもイメージが湧かない。むしろ、その資格がない。

でも、僕もローチ監督が言う「建設的な怒り」は大事だと思います。しかも、その怒りをふくめて、おそらく彼のなかにあるのは単純な正義感だけではないはずです。なぜなら、彼の映画に描かれている労働者階級の人たちは、小悪党ばかり。建設現場に火をつけて燃やしたり、芝生を剝がして売ったり、樽詰めの高級ウィスキーを盗んだり、お揃いのサッカー・ユニフォームを着て襲撃に行ったり……。そこがとても人間的で面白いのです。

前にも言いましたが、僕がローチ監督の映画で一番印象に残っているのは、そういう労働者階級の犯罪が映画のなかでは絶対に裁かれないことです。対談でその理由を聞いたときの「もっと悪いことを合法的にやっている金持ちや権力者たちがいるのだから、彼らの犯罪など大したことではない」という答えは、本当にかっこいいと思いました。しびれました。

僕にはとてもそこまで言い切れません。「犯罪を肯定するのか」という無言の圧力を感じるし、その矛先は監督だけではなくて、映画全体に向かいます。それぱかりを気にしているわけではありませんが、そういう時代に映画をつくっているということを、多少なりとも意識しないわけにはいかない。やっぱり僕はケン・ローチほど潔くは映画をつくれないな、と思うのです。

理想をいえば、「建設的な怒り」や社会性というのは、僕自身がきちんと社会的に生きることで、自分が興味を持つ題材やモチーフという形でごく自然に作品に反映されればいいと思います。要するに、僕がいまこの時代に、この日本という国で生きていることによって感じる、切実な問題意識やさまざまな思いが反映されていれば、そのとき映画は自ずと「社会性」を持つだろうということです。

ケン・ローチ監督の場合は、それを構造的に捉えて政治的なものにしていますが、僕にはそういう政治性は今のところありません。だから、まずはきちんと社会的に生きる。そしてそのうえで、自分なりのラディカルというものを、これからも追求していければと思っています。

二〇二〇年十一月

編集協力　福田光一
　　　　　猪熊良子／速水花子
　　　　　前田達也／花井利彦
ＤＴＰ　佐藤裕久
協力　分福／ロングライド

是枝裕和 これえだ・ひろかず

1962年、東京生まれ。映画監督、テレビディレクター。
1987年、早稲田大学第一文学部文芸学科卒業後、
テレビマンユニオンに参加。
1995年、『幻の光』で映画監督デビュー後、国内外の映画賞を多数受賞。
2014年に独立し、制作者集団「分福」を立ち上げる。
2018年、『万引き家族』がカンヌ国際映画祭パルム・ドールを受賞、
同作品で第91回アカデミー賞外国語映画賞にノミネートされた。

ケン・ローチ Ken Loach

1936年、イングランド中部ウォリックシャー州生まれ。映画監督。
『キャシー・カム・ホーム』で初めてテレビドラマを監督、
『夜空に星のあるように』で長編映画監督デビューを果たし、
『ケス』でカルロヴィ・ヴァリ国際映画祭グランプリを受賞。
その後も世界三大映画祭などで高い評価を受け続け、
カンヌ国際映画祭では『麦の穂をゆらす風』
『わたしは、ダニエル・ブレイク』の2作でパルム・ドールを受賞。

NHK出版新書 642

家族と社会が壊れるとき

2020年12月10日 第1刷発行

著者 是枝裕和 ケン・ローチ

発行者 森永公紀

発行所 NHK出版
〒150-8081 東京都渋谷区宇田川町41-1
電話 (0570) 009-321(問い合わせ) (0570) 000-321(注文)
https://www.nhk-book.co.jp (ホームページ)
振替 00110-1-49701

ブックデザイン albireo

印刷 壮光舎印刷・近代美術

製本 二葉製本

Printed in Japan ISBN978-4-14-088642-7 C0236